6주 만에 마스터하는

친절한
부동산 경매
과외

6주 만에 마스터하는
친절한 부동산 경매 과외

초판 1쇄 발행 2023년 3월 13일
초판 2쇄 발행 2024년 1월 15일

지은이 소사장소피아(박혜정)
펴낸이 김선식, 이주화

기획편집 김찬양
디자인 유어텍스트

펴낸곳 ㈜클랩북스 **출판등록** 2022년 5월 12일 제2022-000129호
주소 서울시 마포구 독막로3길 39 603호 (서교동)
전화 02-704-1724 **팩스** 02-703-2219
이메일 clab22@dasanimprint.com
인스타그램 instagram.com/clabbooks
페이스북 facebook.com/clabbooks

ISBN 979-11-980605-3-2 (13320)

㈜클랩북스는 독자 여러분의 책에 관한 아이디어와 원고 투고를 기다리고 있습니다.
책 출간을 원하시는 분은 이메일 clab22@dasanimprint.com으로 간단한 개요와 취지, 연락처 등을 보내주세요.
'지혜가 되는 이야기의 시작, 클랩북스'와 함께 꿈을 이루세요.

6주 만에 마스터하는
친절한
부동산 경매
과외

소사장소피아(박혜정) 지음

클랩북스

당신의 인생은
경매를 알기 전후로 나뉜다

역대 최저치로 떨어진 아파트지수

부동산 거래가 없어 폐업 위기의 부동산중개소들

부동산 한파에 똘똘한 한 채도 옛말, 강남 아파트도 수억 원 뚝뚝

경매 매물 쌓인다. 경매 낙찰률 21년 만의 최저치 기록!

    2022년 하반기부터 부동산 분위기가 심상치 않습니다. 연일 거래절벽, 집값 하락, 미분양 소식들이 전해져 옵니다. 이와 동시에 고금리와 시장 상황에 버티지 못한 매물들이 빠르게 경매 시장으로 유입되고 있습니다. 금융권과 한국은행 통계에 따르면 2022년 3분기 말 기준 가계신용 잔액은 1,870조 6,000억 원으로 2003년 관련 통계 작성 이후 가장 큰 규모라고 합니다. 주택담보대출은 1,007조 9,000억 원이라고 하는데요. 이처럼 금리가 높아지면 버티지 못하고 연체를 하는 사람들은 늘어날 수밖에 없

습니다. 금융기관에서는 두 달만 연체를 해도 경매로 채권 회수를 신청할 수 있습니다. 은행에 돈을 빌려서 집을 산 사람들은 사람들은 최선을 다해 대출이자를 갚고 집을 매매하려고 노력해 보겠지만 결국 많은 집들이 경매로 넘어갈 수밖에 없는 상황입니다.

지지옥션이 2022년 12월에 발표한 '11월 전국아파트경매지표'에 따르면 2022년 11월에 처음으로 낙찰가율이 80% 밑으로 떨어졌고, 경매 낙찰률은 21년 만에 최저치를 기록했다고 합니다. 경매 사이트를 들어가 보면 하루가 다르게 경매 매물들이 늘어나고 있음을 체감하게 됩니다. 두세 번 유찰되어 감정가의 반값이 된 채 새로운 집주인을 기다리고 있는 물건들이 부쩍 많아졌습니다. 예전 같았으면 진작 낙찰이 됐을 깨끗한 대단지 아파트들도 유찰되는 경우가 심심치 않게 보입니다.

일반 매매 시장이 활발했을 때에는 경매 경쟁률과 낙찰가율이 높았습니다. 일반 매매 시장에 물건이 없으니 부동산을 사려는 사람들이 경매 시장으로 모인 것이죠. 이때에는 싸게 사려는 목적보다는 부동산을 소유하겠다는 목적으로 입찰하기 때문에 시세보다 더 비싼 가격에 낙찰되는 경우도 많았습니다. 반면 일반 부동산 거래가 줄어들고, 대출 이자의 연체가 시작되는 지금 같은 시기에는 경매 시장에 매물이 늘어납니다. 경쟁률도 낮아져서 낙찰가율도 낮아지지요. 어려운 시기가 경매 시장에서는 좋은 부동산을 싸게 살 수 있는 분명한 기회가 됩니다. 부동산 침체기, 부동산 하락기에 경매가 인기를 얻는 이유입니다.

부동산을 사는 데에는 여러 가지 방법이 있습니다. 일반 매매, 급매,

분양, 재개발, 재건축, 경매… 시기별로 적합한 매수 방법이 있습니다. 똘똘한 한 채가 중요한 시기에는 청약 시장이 뜨거웠습니다. 비싸더라도 가장 좋은 것을 딱 하나 갖고 있는 것이 나았으니까요. 일정 입지와 세대수를 보장하는 브랜드의 새 아파트를 하나 갖고 있으면 초보자도 돈을 벌 수 있었습니다. 그런데 지금은 상황이 달라졌습니다. 높은 금리라는 리스크로 인해 급매가 많아지니 분양가가 높게 느껴지고, 미분양 소식이 계속되는 것이죠.

그럼에도 불구하고 지금 부동산을 사야 한다면 단연코 경매가 가장 안전한 부동산 매수 방법이라고 생각합니다. 경매는 다른 부동산 매수 방법과 달리 높은 금리를 커버할 수 있는 수익률을 미리 계산해 보고 입찰을 결정할 수 있고, 실제 가격보다 낮은 금액으로 입찰가를 결정할 수 있는 특징이 있습니다. 예전보다 경쟁률도 줄어들어서 내가 원하는 입찰가를 써 낼 수 있는 상황도 좋습니다.

경매 경험이 쌓이고, 권리분석과 명도에 노하우가 생기면 초보들이 꺼리는 물건에 도전할 수도 있습니다. 이런 물건들은 다른 물건에 비해 경쟁률이 낮아서 더 낮은 가격에 낙찰을 받을 수 있게 됩니다. 이렇듯 경매는 부동산 상황에 따른 리스크를 방어할 수 있는 수단이 될 수 있습니다. 그 어느 때보다 좋은 물건들이 합리적인 가격에 나와 있기에, 저는 내 집 마련을 꿈꾸는 사람들이 이 시기를 놓치지 않았으면 좋겠습니다.

부동산 공부의 시작은 경매여야 한다

차갑게 식어 버린 부동산 시장에서 우리가 할 일은 공부하며 다음 기회를 준비하는 것, 단 하나입니다. 하지만 입지, 청약, 재건축, 재개발 등 부동산 공부의 범위는 생각보다 훨씬 넓습니다. 어디부터 공부해야 할지 막막한 사람이라면 경매로 부동산 공부를 시작하는 것이 좋습니다. 부동산의 가장 기본 서류라고 할 수 있는 등기부등본 보는 법부터 부동산 관련 세금, 계속 변하는 정책까지 꼼꼼하게 가르치는 과정은 경매밖에 없습니다. 저당권, 압류, 임차권 같은 부동산의 기본 용어들도 경매를 통해 차근차근 익혀 나갈 수 있습니다.

부동산 공부가 어렵다고 합니다. 경매는 더욱 진입 장벽이 높다고 하죠. 그렇지만 의외로 경매 시장에 나오는 물건들은 한두 달 공부하면 도전할 수 있는 단순한 권리관계의 물건들이 대부분입니다. 권리분석이라는 것이 용어가 낯설어서 그렇지 막상 공부를 시작하면 생각보다 어렵지 않습니다. 실제 경매 강의에서도 수강생 분들이 의외로 재미 있게 공부하시는 부분이 권리분석입니다. 경매를 통해 부동산 공부의 기초를 탄탄하게 쌓은 후 공부 범위를 넓혀 나간다면 다음 스텝이 훨씬 수월할 것입니다.

내 재산을 지킬 수 있다

얼마 전 신축 다가구 주택에 임장을 다녀왔습니다. 10세대가 넘는 세입자가 있는 다가구였는데 모두가 보증금을 다 돌려받지 못하는 상황이었습니다. 이 건물의 소유자는 집을 짓자마자 은행에서 대출을 받고 10명이 넘는 세입자들을 들어오게 하였습니다. 그들의 보증금은 각자 1억 원 가까이 되었습니다. 근저당이 먼저 설정된 등기부등본을 봤을 텐데 계약을 했다는 것이 선뜻 이해가 되지 않았습니다. 분명 이들을 설득한 누군가가 있었을 것이라는 생각이 들었습니다.

'건물 가격에 비해 은행 대출이 적어서 전혀 걱정할 것이 없다, 건물주인 집주인(대부분의 사람들은 이것만으로도 엄청 부자라고 생각합니다)은 이 건물 말고도 다른 부동산도 많이 가진 부자다, 이렇게 주변 시세 대비 저렴한 새 집에서 살 수 있는 기회는 정말 드물다, 소액임차인이라 은행 대출이 있어도 먼저 돌려받는다(사실은 보증금의 일부만을 돌려받습니다)…' 과연 어떤 이야기로 설득이 되었는지는 모르지만, 걱정할 것 없다는 말과는 달리 모든 세입자의 권리는 집주인의 대출보다 후순위였습니다.

결국 경매에 나온 이 물건은 두 번 유찰되었고, 대부분의 세입자들은 자신의 보증금을 다 돌려받지 못하고 집을 비우게 되었습니다. 적게는 보증금의 60%, 크게는 보증금 전체를 잃은 세입자도 있었습니다. 세입자들은 이렇게 큰 피해를 입게 되었지만, 이 집을 중개해 주었던 중개인은 중개수수료를 벌었고(이런 조건의 집을 중개했기 때문에 기존의 중개수수료보다 더 많이 받았을 가능성도 있습니다.) 집주인은 수억 원의 이득을 챙겼습니다. 하지만 이들에게 법적 책임을 물을 근거는 없습니다. 책임은 없고 오직 피해자만 있는 상황인 것이지요.

경매를 하면 하루에도 수십 명씩 이런 식으로 수천만 원, 수억 원의 전세 보증금을 돌려받지 못하는 세입자들을 보게 됩니다. 그들 중에는 간단한 부동산 상식만 알고 있더라도 충분히 막을 수 있었는데, 이를 놓쳐 어이없게 전 재산과 다름없는 돈을 잃는 상황을 보게 됩니다. 그 피해는 고스란히 세입자들에게 떠넘겨지는데, 피해자들의 대부분은 사회초년생이나 신혼부부들입니다. 저는 이런 안타까운 일들이 반복되지 않으려면 고등학생들이 CPR(심폐소생술) 교육을 필수로 받듯이, 등기부등본 보는 법도 필수 교육이 되어야 한다고 생각합니다. 경매의 기본인 등기부등본 보는 법과 대항력, 우선변제권 공부는 재테크뿐만 아니라 살아가는 데 꼭 필요합니다.

부동산을 가장 싸게 살 수 있다

주식 투자자들 사이에 유명한 말이 있지요? '무릎에 사서 어깨에 팔아라.' 가장 쌀 때 사서 가장 비싸게 팔아야 하는데 왜 무릎에 사서 어깨에 팔라고 할까요? 주가의 바닥과 꼭지를 예상하기란 거의 불가능에 가깝기 때문입니다. 그럼 이 말을 부동산에 대입시켜 보면 어떨까요? 이렇게 말할 수 있겠습니다. '현 시세보다 싸게 사고, 팔 때는 급매가로 팔아라.' 현 시세는 계속 변동됩니다. 앞으로 오를 수도 있고, 떨어질 수도 있지요. 이런 상황에서 정확히 시세를 예측하는 것에 집중하기보다 일단 싸게 사는 방법에 집중하는 것이 현명하지 않을까요? 경매는 집을 가장 싸게 살 수 있는 방법 중 하나입니다. 일단 시세보다 싸게 사 두면 집값이 하락하더라도 어느 정도 버틸 수 있는 여력이 생깁니다. 또한 팔 때에도 남들보다 유리합니다. 사람들은 거주할 집이 필요하고, 괜찮은 집이 낮은 가격에 시장에 나온다면 분명 수요가 있기 때문입니다.

부동산 매매에서 가격이 가장 중요하다고 생각하시는 분들이라면 경매를 시작하셔야 합니다. 일반 매매가 매장에 예쁘게 진열된 물건들을 정가에 구매하는 것이라고 하면 경매는 세일 매대에 놓인 물건을 할인된 가격에 사는 것이라고 생각하면 됩니다. 조금만 공부하면 세일가로 똑같은 물건을 살 수 있는데, 당연히 배워 둬야 하는 것이죠. 세일 한도가 커지고 있습니다. 금액으로 보면 수천만 원, 수억 원이 싼 것이고요. 부동산의 거래 금액은 보통 억 단위입니다. 경매를 통해 10%만 싸게 살 수 있어도 몇 천만 원을 아낄 수 있게 됩니다. 지식과 노력을 더할수록 싸게 살 수 있는 방법은 더 많아집니다. 지금 당장 경매 공부를 시작해야 하는 이유입니다. 미루지 마세요. 그리고 이왕이면 빨리 시작하세요.

부자는 상대적 개념입니다. 그러므로 다수가 선택하는 길이 아닌 소수가 선택하는 길에 섰을 때 부자가 될 확률이 높아집니다. 결국 필요한 것은 양떼에 속해서 안정감을 느끼는 대신 외로운 늑대의 길을 가겠다는 마음입니다. 저는 다른 사람들이 집을 사지 않을 때 시세보다 약간 싸게 사서 거주하며 시간을 보내는 방법을 선택하였습니다. 부동산 투자로 수익을 내는 것 이전에 내가 살 집은 있어야 했으니, 집을 산 것만으로도 하나의 목적은 이미 달성했다는 생각에 자신감을 얻을 수 있었습니다. 집값이 떨어져도 애초에 싸게 샀으니 상대적으로 여유로운 마음가짐으로 좋은 시기가 올 때까지 기다릴 수 있었습니다.

차갑게 식어 버린 부동산 시장에서 우리가 할 일은 공부하며 다음 자산 증식의 기회를 준비하는 것, 단 하나입니다. 준비된 상태에서 상승기를 맞이하게 된다면 수익을 낼 수 있는 기회는 반드시 다가올 것입니다. 수익의 적고 큼과 상관없이, 단 한 번의 경험이 중요합니다. 그 경험을 시작으로 다주택자, 건물주의 꿈을 이룰 수도 있습니다. 깜짝 놀랄 정도로 자산이 빠르게 늘어나는 것을 체감하게 될 것입니다.

저는 이 책을 자신의 재산을 지키는 힘을 키우고 시장에서 능동적으로 내가 할 수 있는 것을 찾고자 하는 사람들, 공부와 노력의 결실로 좋은 기회를 얻고자 하는 사람들을 위해 썼습니다. 저에게는 천여 명의 왕초보 수강생들에게 경매수업을 가르쳐 오며 쌓은 노하우가 있습니다. 책을 다 읽은 후에는 혼자서도 충분히 입찰할 수 있도록 경매 전 과정과 권리분석을 가장 쉽게 설명하였으니, 이 책을 통해 경매를 익혀 다시 오지 않을 경매의 황금기에 부의 발판을 마련하길 바랍니다. 의지와 끈기를 가지고 도전하면 가능합니다.

2023년 2월
소사장소피아(박혜정)

차례

1주차 | 나는 당신이 부동산 경매를 하면 좋겠습니다

2주차 | 부동산 경매와 일반 매매, 뭐가 다를까?

3주차 | 돈이 될 물건만 골라 사는 사람들의 비밀

4주차 | 왕초보를 위한 권리분석 기본 개념

5주차 | 실제 사례로 알아보는 권리분석 핵심 포인트

6주차 | 아는 만큼 쉬워지는 명도의 기술

1주차

6주 만에 마스터하는
친절한 부동산 경매 과외

나는 당신이 부동산 경매를 하면 좋겠습니다

입지, 청약, 분양권, 재건축 · 재개발… 부동산 공부의 범위는 참 넓습니다. 거기에 부동산 관련 세금,

계속 변하는 정책도 공부해야 하지요. 어디서부터 공부해야 할지 막막할 것입니다. 저는 경매가 부동

산 공부의 아주 좋은 시작점이 될 수 있다고 생각합니다. 등기부등본 보는 법부터 권리분석, 임장하

는 법, 명도, 수익 내는 법까지 부동산 경매 공부는 부동산 투자를 시작하는 사람들에게 아주 좋은 커

리큘럼으로 구성되어 있습니다. 경매 공부로 부동산 기초를 쌓으면 그 다음 부동산 공부를 하기가 훨

씬 수월해질 것입니다. 내 재산을 지키기 위해, 그리고 본격적인 부동산 투자를 시작하기 위해 경매

를 공부하시길 바랍니다.

한 채의 전셋값으로
아파트 두 채의 주인이 되다

나는 돈이 없어서 경매를 시작했다

저는 가진 돈이 없었고, 부동산 시장이 불안했기 때문에 경매를 시작했습니다.

2014년 저는 결혼 4년차였고, 남편과 돈을 합쳐 구한 전셋집에 살고 있었습니다. 지하철역에 내려 버스를 한 번 더 타고 들어가야 하는 20평대 단독주택이었지만, 채 1억이 되지 않는 돈으로 힘들게 얻은 전셋집이기도 했고, 집주인이 매우 좋으셨기 때문에 빚 걱정도 없는 전세살이에 만족도가 매우 높았습니다. 앞으로의 대한민국 부동산은 더 하락할 것이고 가격이 더 떨어지면 실수요로 집을 사든지, 아니면 이렇게 전세로 계속 사는 것도 나쁘지 않다 생각했어요. 혹 집을 사게 되더라도 조금 기다려서 거품이 더 빠지면 그때 사자고 남편과 이야기를 나눴습니다.

일찍이 재테크에 관심이 많았고, 수많은 관련 서적을 읽었었지만, 그 당시 분위기를 생각해 보면 집을 사야 한다는 주장은 현재 상황에서 설득력이 떨어진다고 생각했었습니다. 뉴스에서는 연일 가계대출 증가와 연체율의 문제, 부동산 거래 절벽에 대한 내용이 나오고, 청약시장은 미분양이 속출하던 시절이었어요. 부동산 시세는 변동이 없어 희망이 보이지 않았고, 이 하락기는 앞으로 지속될 것만 같았어요. 인구도 줄고 있으니, 우리나라도 곧 일본처럼 장기 불황에 빠지게 될 것이라는 예상이 많은 공감을 받던 시기였어요. 부동산이 장기 침체되자, 정부는 여러 규제를 풀었습니다. 대출 규제, 세금 규제를 풀고, 임대사업자제도도 시작되었어요. 여기까지 들어 보니 어떠신가요? 현재의 상황과 비슷하다는 생각이 들지 않으시나요?

이런 확고한 생각을 갖고 있던 저희 부부가 내 집 마련을 결심하게 되는 계기가 있었습니다. 아이가 걸음마를 시작할 무렵, 전세 계약 기간이 몇 달 남아 있음에도 불구하고 층간 소음 문제로 전셋집을 빼 줘야 하는 상황을 맞이했고, 이런 세입자의 설움을 또 당할 수는 없다고 생각했습니다. 집을 사기에는 너무나도 돈이 부족했으니, 경매를 하면 집을 싸게 살 수 있다는 이야기를 듣고 경매 공부를 하기 시작했던 것입니다. 그렇게 두 달 정도 경매를 배우고 바로 입찰을 시작했어요.

이렇듯 저는 미래에는 집값이 분명히 상승할 것이란 믿음에서 경매를 시작한 것이 아니었습니다. 제값을 주고 집을 사기 무서웠고, 시세보다 싸게 살 수 있다는 장점 때문에 경매를 시작했던 것이죠. 싸게 살 수 있다면 집값이 앞으로 더 떨어지더라도 버틸 수 있고, 남보다 더 싸게 시장에 내놓으면 내 부동산은 팔릴 수 있을 것이라 단순하게 생각했었습니다.

매일 물건을 검색하고 제 수준에서 권리분석을 하고, 시간을 내서 틈틈이 임장을 다녔습니다. 급하게 이사를 해야 했던 우리 부부는 빈집이거나 명도가 바로 해결이 되는 집이 필요했고, 층간 소음 문제에서도 해방되는 집이길 원했습니다.

두 달 정도 공부해서 시도한 첫 입찰에서는 당연히 패찰했어요. 첫 입찰이니, 시험 삼아 해 본 입찰이었지만, 결과는 충격적이었어요. 낙찰가가 예상보다 훨씬 높았기 때문입니다. 경매로 집을 싸게 산다고 기대했었는데, 실제 낙찰가들을 보면 시세랑 별반 차이가 없어 보였습니다.

다시 물건을 수십 개 검색하고, 그중 몇 곳을 시간 내서 임장을 가고, 법원에 가서 입찰을 하고 패찰하는 과정은 생각보다 쉽지 않았어요. 패찰을 거듭하면서 시간은 쏜살같이 흘렀고요. 처음 몇 번 패찰을 할 땐 제가 이제 갓 시작한 병아리이니 당연하다 생각했지만, 두 달, 세 달이 지나도록 아무 성과 없이 패찰을 거듭하자 점점 마음은 조급해지고, 우리 같은 일반인에게도 낙찰이 되긴 하는 건가 하는 의심까지 들었습니다. (당시 낙찰을 받는 사람들은 모두 경매 초고수로 보였습니다.) 4번째 패찰할 때에는 낙찰은 아무나 하는 것이 아니라, 뭔가 특정 고수들의 전유물인가 싶더라고요. 저 같은 초보자는 낙찰받을 수 없는 것이 아닌가, 경매는 나랑 안 맞는 것인가 하는 의심과 불안감이 떠나질 않았어요. 저는 전략을 수정해 보기로 했습니다.

8번째 시도 만에 드디어 낙찰받다

그 당시 제가 입찰했던 물건들은 30평대이면서 입지가 좋은 대단지 아파트였습니다. 즉, 모두가 원하는 집이었어요. 그러다 보니 매번 경쟁률이 치열했고, 낙찰가는 실제 거래되는 시세와 비슷했습니다. 저는 낙찰 확률을 높이기 위해 사람들이 원하지 않는 조건은 무엇인지 나열해 보기로 했습니다.

'단동 아파트, 노브랜드 아파트, 소형 평수(10평대~20평 초반), 대형 평수(50~60평대 아파트), 구축, 입지가 좋지 않음, 권리분석 복잡'

사람들이 선호하지 않는 조건들을 나열해 보고, 이 중에서 우리가 도전해 볼 만한 것이 무엇인지 고민해 보았습니다. 소형 평수는 일단 저렴하게 낙찰받으면 다음 집에 이사 갈 때까지 그곳에서 시간을 벌 수 있고, 추후에는 임대를 놓으면 되니 낙찰받아도 되겠다고 생각했고, 대형 평수는 관리비 등이 부담스러울 수는 있지만 평수 대비 저렴하게 낙찰을 받을 수 있기 때문에 (평당 낙찰가가 매우 낮았기에 30평대 아파트와 40평대 아파트의 가격이 큰 차이가 나지 않는 경우도 많았음) 추후 매도 차액을 기대할 수 있다 생각했어요. 물론 환금성이 떨어지니 적당한 매도 시기가 올 때까지 들어가 살 것도 고려했습니다. 여러 조건들을 상세히 대입하며 상상해 보니, 포기해야 할 조건들도 분명해졌어요. 다만 '입지'만큼은 중요하다고 생각하고, 입지가 뛰어나다면 구축이나 단동이어도, 평수가 마음에 들지 않더라도 도전해 보자고 생각했습니다.

그렇게 물건의 범위를 좁혀 가며 선별해 나갔고, 보다 다양한 물건에 도전하게 되었습니다. 여전히 패찰을 했지만, 점점 내가 써 낸 입찰가가 낙찰가에 가까이 가기 시작했습니다. 급기야 아깝게 2등으로 패찰을 하기도 했습니다.

처음엔 낙찰가를 도저히 감을 잡을 수 없었는데, 입찰을 거듭하다 보니, '이번 낙찰가는 대충 어느 금액대에서 결정 날 것 같다'라는 느낌을 받기도 했습니다. 그렇게 입찰을 반복했고, 드디어 8번째에 첫 낙찰의 기쁨을 얻을 수 있었습니다.

❯기본정보	경매3계(☎02-3271-1323)				법원기본내역 · 법원안내
소재지	서울 은평구			N지도 · D지도 · 도로명주소	
용도(기타)	주상복합(주거) (39평형) (-)	토지면적	29.93㎡ (9.05평)		
감 정 가	365,000,000원	건물면적	95.04㎡ (28.75평)		
최 저 가	(80%) 292,000,000원	제 시 외	0㎡		
낙찰 / 응찰	327,600,000원 / 6명	대 상	건물전부, 토지전부		
청 구 금	26,199,510원	소 유 자	정OO		
채 권 액	302,500,000원	채 무 자	정OO		
경매구분	임의경매	채 권 자	서OOOOOOO	물건사진 더보기 ∨	
물건번호	1 [배당]				

❯진행내역

기일종류	기일	접수일~
배당종기	2014.11.04	76일
감정기일	2014.08.26	6일
개시결정	2014.08.22	2일
등기기입	2014.08.21	1일

❯기일내역

기일종류	기일	상태	최저매각가격(%)	경과일
입찰변경	2015.03.31	배당		223일
납부일	2015.02.27	납부		191일
허가일	2015.01.20	허가		153일
2차매각	2015.01.13	낙찰	292,000,000원(80%) 327,600,000원 (89.75%) 백OO / 응찰 6명 2위 응찰가 321,999,000 원	146일
1차매각	2014.12.09	유찰	365,000,000원(100%)	111일

첫 낙찰은 서울 은평구의 단동 아파트로, 구축이었지만 지하철 역 바로 앞에 위치해 있는 좋은 입지의 아파트였습니다. 2등과 약 500만 원 차이로 낙찰을 받았고, 당시엔 낙찰가의 80%까지 대출이 나왔기 때문에 이 집을 구매하고도 전세금이 도리어 약간 남았습니다. 정말 믿을 수 없었습니다. 레버리지라는 것을 머리로 이해하는 것과 실제 체감하는 것은 정말 큰 차이가 있었어요.

이 아파트는 2,000만 원을 들여 인테리어를 한 후 3억 5,000만 원에 전세를 바로 놓았습니다. 결국 실제 투자금은 거의 없이 세금만으로 39평형의 아파트를 얻게 된 것이죠. 현재는 낙찰가 대비 3배 이상 높게 시세가 형성되어 있습니다. 첫 낙찰 후 남은 전세금으로 연이어 입찰에 참여했고, 또 낙찰을 받았습니다. 이번엔 '대지권미등기'라는 문제가 있었던 집이었죠. 사람들이 잘 도전하지 않는 특수물건이라 아주 저렴하게 낙찰받을 수 있었고, 제 소원대로 1층인 이 집에서 아이들은 마음 놓고 뛰놀며 자랄 수 있었습니다. 서울 구석의 20평대 단독주택에 겨우 들어갈 수 있었던 전세금으로 30평대 아파트 두 채를 사서 하나는 전세를 놓고, 하나는 입주해서 살게 된 것이죠.

소재지	서울 양천구		N지도 D지도 도로명주소	
용도(기타)	**아파트 (-)**	토지면적	대지권미등기	
감 정 가	235,000,000원	건물면적	89.93㎡ **(27.2평)**	
최 저 가	**(64%) 150,400,000원**	제 시 외	0㎡	
낙찰 / 응찰	163,300,000원 / 1명	대 상	**건물전부**	
청 구 금	100,000,000원	소 유 자	성0000000000	
채 권 액	10,534,996,666원	채 무 자	성0000000000	
경매구분	강제경매	채 권 자	동000000	물건사진 더보기 ∨
물건번호				

❶진행내역

기일종류	기일	접수일~
배당종기	2010.09.14	107일
감정기일	2010.07.12	43일
개시결정	2010.06.21	22일
등기기입	2010.05.31	1일

❶기일내역

기일종류	기일	상태	최저매각가격(%)	경과일
입찰변경	2015.12.03	취소		2013일
납부일	2015.04.21	납부		1787일
허가일	2015.03.25	허가		1760일
3차매각	2015.03.18	낙찰	150,400,000원(64%) 163,300,000원 (69.49%) 백OO / 응찰 1명	1753일
2차매각	2015.02.04	유찰	188,000,000원(80%)	1711일
1차매각	2014.12.24	유찰	235,000,000원(100%)	1669일

경매를 시작하고 패찰을 거듭하다가 비슷한 시기에 연이어 아파트 두 채를 낙찰받을 수 있었던 건, 모든 조건이 완벽한 물건에만 입찰하기보다 포기해야 할 조건과 꼭 가져가야 하는 조건을 깊이 고민한 후 도전해 볼 만한 물건에 입찰했기 때문인 것 같습니다. 확률을 고민하고 선택하니 낙찰이 되기 시작했고, 경쟁률이 적어지니 시세 대비 저렴하게 입찰가를 쓸 수 있었습니다. 그렇게 받은 물건은 추후 기대했던 것 이상으로 시세가 올랐거나, 실제 값어치대로 매도를 하게 되면서 큰 수익을 얻을 수 있게 되었습니다. 경매로 싸게 부동산을 사게 되니 상황이 변하는 가운데에서도 불안하지 않게 시간을 보낼 수 있었고, 이는 부동산에 대한 지식이 전무했던 제가 투자를 계속할 수 있는 원동력이 되었습니다. 그래서 과거의 저처럼 내 집 마련을 원하지만 상황 예측, 부동산 입지 분석은 어렵고 부담스러운 분들에게 더더욱 경매를 추천드리고 싶습니다.

경매는 평생 써먹을 기술이다

무주택자에서 다주택자가 되면서 느낀 것이 있습니다. 그것은 부동산 투자가 행동의 폭을 넓혀 준다는 것입니다. 임차인일 때에는 집값이나 전세보증금이 오르면 차액만큼을 더 만들어서 집주인에게 주거나, 그게 불가능하면 다른 곳으로 이사를 가야만 했습니다. 주변 환경에 맞추어 원치 않는 선택을 하기도 했죠. 하지만 내 소유의 자산이 생기니 주도적으로 판단하고 행동하게 되었습니다. 전세 재계약 때 전세금을 올려 받아 목돈을 마련하거나, 전세를 월세로 바꿔 현금 흐름을 만들 수 있었고, 경매로 싸게 낙찰받은 집은 감정가 수준으로만 팔아도 이득이었기에 집값이 오르지 않는 상황에서도 손해 보지 않고 적당한 타이밍에 집을 팔 수 있었습니다. 또한 소유한 부동산의 지역이 다 달랐기 때문에 어떤 집은 시세가 오르지 않는 동안 어떤 집은 시세가 오르는 등 한 채를 갖고 있는 것보다 여러 채를 갖고 있을 때의 리스크도 낮아진다는 것을 알게 되었습니다. 오히려 한 채만 가지고 그 집을 깔고 앉아 살게 되면 이 집의 시세 변동에 자산의 규모를 온전히 의지할 수밖에 없으니 리스크가 더 커질 가능성이 있습니다.

경매가 부동산 투자의 모든 고민을 해결해 줄 마스터키는 아닙니다. 하지만, 경매라는 방법을 알고 있다는 것은 경매를 모르는 사람들이 놓치는 숨은 진주 같은 부동산을 더 좋은 가격으로 살 수 있다는 뜻입니다. 평생 써먹을 기술을 배우는 것이니, 시간과 노력을 투자할 충분한 가치가 있습니다. 저 역시 경매를 배울 당시에도 경매를 이제 배워서 진입해도 괜찮을지, 경매로 돈을 벌 수 있는 시기가 지난 것은 아닌지 고민했었습니다. 하지만 시간이 한참 흐른 지금 돌아보면 용기 내어 시작한 경매는 내 집 마련의 발판이 되었고 부동산 상승기를 만났을 때에는 노동 수입과 비교가 되지 않는 엄청난 자산 상승의 단맛을 볼 수 있게 해 주었습니다. 지금도 고민하고 있는 분들에게 이렇게 말씀드리고 싶습니다.

"지금이 가장 빠른 시기이고, 기회는 항상 있다!"

용기 있는 자만이
자산 상승을 경험한다

계절이 여름인 우리나라에서 겨울인 나라로 떠나는 해외 여행을 준비한 적이 있습니다. 사계절이 뚜렷한 한국에 살면서 몇십 번의 겨울을 겪었음에도 '겨울이 얼마나 추웠지?' 하고 묻게 되었습니다. 지금 내 피부에 느껴지는 온도가 높기 때문에 왠지 그렇게 춥진 않을 것만 같고, 어느 정도 추울지 감도 잘 안 잡혔던 것입니다. 결국은 많이 두껍지 않은 옷을 싸게 되었고, 추운 현지에 도착해서는 '아 맞다. 겨울이 이렇게 추웠지. 근데 왜 난 옷을 이렇게 부족하게 쌌을까' 하고 후회했었습니다.

그때 깨달은 것이 있습니다. 현실에 압도된 사람은 예상 가능한 미래를 제대로 대비하기 어렵다는 것입니다. 그것이 이미 겪어본 미래일지라도 말입니다. 저도 처음엔 이런 제 자신에게 놀랐습니다. 경험을 아무리 해 봤더라도 현실과 상반되는 미래에 대한 예측과 준비가 이토록 어렵다니!

현재 대한민국은 유래 없었던 부동산 폭등기를 지나, 다시 부동산 하락기를 경험하고 있습니다. 지난 몇 년 사이 다수와 다른 선택으로 기회를 잡았다는 성공담이 넘쳐났었죠. 그동안 예전과 같은 부동산 하락기가 오면 그 기회를 절대 놓치지 않으리라 다짐한 사람들도 많았을 것입니다. 이제 우리는 다수가 움직이는 방향의 반대에 서야 부자가 될 수 있다는 것, 그러므로 용기를 내야 함을 잘 알고 있습니다. 그런데 기회를 절대 놓치지 않겠다고 다짐했던 사람들은 이 하락기에 다짐한 대로 실행하고 있을까요?

대부분의 사람들은 그때와 동일한 두려움 속에서 그때의 다짐을 잊은 채 쉽게 결정을 내리지 못하고 있습니다. 높은 경쟁률을 뚫고 힘들게 당첨된 새 아파트의 입주권을 포기하는 경우도 심심치 않게 보입니다. 한창 부동산이 오를 때에는 달려들지만, 내가 바랐던 금액에 닿는 상황이 오더라도 다시 불안감이 엄습해서 매수가 두려워진 것입니다. 인간의 본능적 두려움은 이토록 강합니다.

지금 우리는 급변하는 부동산 상황을 경험하고 있습니다. 부동산 폭등기를 지나 부동산 하락기를 다시 맞이하고 보니, 예전에 내 집을 마련하던 그 시절이 생각납니다. 제가 경매를 시작했던 2015년도는 2008년 리먼 브라더스 Lehaman Brothers사태로 하락을 경험하고, 약간 상승을 하는가 싶다가 다시 침체가 장기간 이어지던 시기였습니다. 부동산 시장에 언제 상승기가 올지 예측하기가 어려운 상황이었지요. 이에 따라 정부는 여러 부동산 규제를 풀었습니다. 대출 규제, 세금 규제를 풀었고, 다주택자들을 양성하기 위한 임대사업자 제도를 시작했어요. 저는 임대사업자를 등록해서 정부가 주는 혜택을 취하기로 결정했습니다. 집값 상승을 확신하여 시작한 것이 아니라 우선 혜택을 챙기고, 경매를 통해 시세보다 저렴하게 낙찰을 받음으로써 그 차액을 이득으로 확보할 수 있으니, 시장이 하락하더라도 보유하는 것에 부담이 적을 것이라 예상했습니다. 만약 다시 시기가 좋아지면 추후 매도를 통한 추가 수익도 기대할 수 있었습니다. 금리도 낮았고, 정부가 부동산 활성화 정책을 시행하고 있었기 때문에 다주택자들이 빠르게 늘어났고, 점점 부동산 시장은 회복이 되었습니다. 그리고 곧 우리 모두가 경험한 부동산 폭등기가 왔습니다.

유래 없는 부동산 폭등기를 지나오며 많은 것이 달라졌습니다. 누군가는 갑자기 돈을 벌었지만, 내 집 마련을 하지 못했던 사람들은 허탈해졌습니다. '벼락거지'라는 단어가 나왔고, 이들 중 일부는 지금이라도 사야겠다고 결심해

지역별 아파트 실거래가 지수

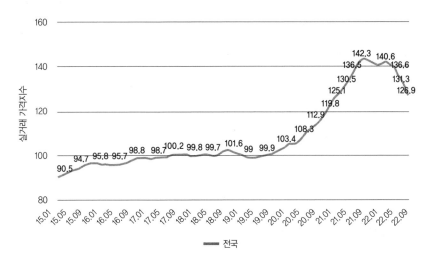

출처: 한국부동산원 - 전국 아파트 실거래가지수

서 주택을 매수하였지만, 곧 이어진 부동산 침체기를 겪으며 높은 금리와 집값 하락이라는 이중고를 겪고 있습니다.

재테크 크리에이터, 작가라는 이름으로 더 예민하게 상황을 바라보게 되면서 정확하게 시장을 예측하는 것은 불가능한 일이라는 생각이 듭니다. 한 개인이 앞날을 예측하기에는 고려할 요소들이 이제 너무 많아졌고, 교통과 IT 기술의 발달로 전세계가 긴밀히 연결되어 서로의 영향권에서 벗어날 수 없기 때문입니다. 집값이 오르고 내리는 것은 더 이상 수요공급, 개발호재만의 문제가 아니게 되었습니다. 미국 금리, 세계경제, 부동산 정책, 거기에다가 예민하게 반응하는 사람들의 심리까지 예측을 해야 하니까요.

그래서 저는 예측이 아니라 제안을 드리고 싶습니다. 불확실한 미래를 다른 사람들의 의견을 들으며 파악하려고 애쓰기보다, 직접 움직여서 컨트롤이 가능한 부분을 만들어 가자는 것입니다. 이를 테면 이런 것입니다. 집값은 앞으로 더 떨어지고, 금리는 더 오를 수도 있습니다. 이는 내가 예측하기도 어렵고, 컨트롤할 수도 없는 부분입니다. 이런 상황에서 떨어질 집값에 대비해서 애초에 낮은 금액으로 집을 사는 것입니다. 금리를 보수적으로 예측해서 수익률을 계산하고, 이것에 맞게 매수 가격을 계산해 보는 것입니다.

시세보다 더 낮은 금액으로 집을 보유하려고 노력하는 것, 이것은 스스로의 노력으로 어느 정도 컨트롤할 수 있는 부분입니다. 금리 변화에 따라 월세를 조정할 수 있는지 미리 계산하여 대비하고, 위기가 찾아왔을 때 시장에 어느 정도의 급매가로 내놓으면 경쟁력이 있는지, 자신만의 기준을 세워 낙찰을 받는다면 하락장에서도 손해 보지 않고 팔아야 할 때 팔 수 있을 것입니다. 이렇게 계산하여 매매를 시도해 볼 수 있다는 것이 경매의 큰 장점이고, 지금 같은 고금리의 매매절벽 같은 어려운 상황이어야 가능한 일이기도 합니다.

　정부 정책을 유심히 살펴보고, 그 정책에서 내가 취할 수 있는 것을 자문해 봅니다. 대출한도를 높이고, 부동산 세금을 유예하는 정책이 나왔으면 이를 활용할 방법을 생각해 보는 것입니다. 임대사업자 제도가 시행되면 다주택자의 장점을 이용할 수 있는 방법을 공부해서 도전해 보는 것입니다. 정부의 정책 방향과 나의 방향이 일치되는 것은 내가 배를 띄울 때에 맞추어 순풍이 불어 주는 것처럼 기적적인 상황이라고 생각합니다. 물론 바람은 모두가 배를 띄울 땐 불어 주려 하지 않습니다. 아무도 배를 띄우지 않으니, 바람을 불어 주겠다고 유혹하는 것이죠. 그때 결심을 하는 사람, 순풍이 불기 전에 먼저 배를 띄워 놓는 사람이 되어야 합니다.

　그간 많은 사람들이 더 좋은 다음 기회에 움직이겠노라 다짐했었지만, 막상 그 시점이 오면 움직이지 않습니다. 너무나 차가운 눈앞의 현실에 압도되기 때문입니다. 결국엔 공부와 경험이 필요합니다. 모르면 두려움이 커지지만, 알면 자신감과 확신이 생길 수 있습니다.

당신이 지금 부동산 경매를
해야 하는 이유

시세보다 '싸게' 살 수 있다

현 시점에 가장 집중해야 하는 전략은 시세보다 싸게 사서 이득을 얻는 것입니다. 경매를 하는 가장 큰 이유이자, 사람들이 가장 기대하고 시작하는 부분입니다. 일반 시장에서 매매를 하는 것이 소비자가로 거래가 되는 것이라면, 경매로 넘어온 물건은 '세일' 개념이 붙습니다. 일반 거래로 팔리지 않았거나, 어떤 사정이 있어 세일 매대에 놓인 것이죠. 세일 매대에 놓인 이상 일반 매매처럼 집주인이 맘대로 호가를 부르는 것은 불가합니다. 객관적이고 정확한 감정가를 기준으로 매대에 놓이게 되지요. 하지만 입찰자들은 최대한 싸게 구매하려고 노력하는 사람들입니다. 경쟁을 통해 낙찰을 받는 것이기에 싸게 사기 위해서는 입찰 경쟁률이 낮은 물건을 찾아내는 것이 필요합니다. 경쟁률이 낮어야 싸게 살 수 있는 확률도 높아지니까요.

저는 물건을 최대한 싸게 사기 위해서 사람들이 잘 관심을 가지지 않는 물건에 도전을 많이 했었습니다. 국민 평수가 아닌 50평대의 대형 평수나 초소형 평수의 아파트에 도전해 보거나 남들이 선호하지 않는 지하 건물을 입찰하기도 하였지요. 그래서 실물은 1층과 다름없었지만, 서류상에는 반지하였던 물건을 싸게 낙찰받기도 했습니다.

그동안 저의 경매 낙찰 매물을 보면 당시 감정가 대비 적게는 15%, 많게는 40%까지 저렴하게 낙찰을 받았습니다. 물론 감정가가 시세와 조금 차이 날 수 있습니다만, 시세를 조사한 후 당시 시세보다 싸게 입찰을 하였고, 이렇게 낙찰

지하로 표시되어 있었지만, 임장을 해 보니 출입구를 포함하여 거주공간이 거의 1층과 다름없었던 빌라

받은 후에는 시기를 봐 가면서 당시 시세 수준으로 매도하였습니다. 상황에 따라서는 시세보다 조금 저렴하게 급매가로 물건을 내놓기도 했지만, 워낙 낮은 가격에 매입을 했었기 때문에 제 입장에서는 무조건 이득인 상황이었습니다.

부동산은 사는 것보다 파는 것이 훨씬 어렵습니다. 2022년부터 지금까지 모두가 체감하고 있는 부동산 급랭기를 겪으면서 원하는 금액으로 매도가 잘 이루어지지 않는다는 것을 모두가 느끼고 있을 것입니다. 특히 영혼까지 끌어

◉ 낙찰통계요약 (대상기간: 2022.10.09 ~ 2023.01.09)

아파트

총건수	487건	낙찰건수	75건	낙찰율	15.40%
진행건수	391건				19.18%

입찰자수	289명	입찰경쟁률	3.9 대 1
감정가총액	83,224,640,000원	낙찰가총액	67,661,588,865원
총낙찰가율	81.30%	월평균변화율	-10.60%
평균낙찰가율	79.39%	월평균변화율	-11.32%
표준편차	±16.32%	사분위수(±25%)	최대: 88.11% 최소: 68.31%
평균입찰소요기간	342일 (11.4개월)	평균낙찰소요기간	484일 (16.1개월)

✚ 용어안내

총건수 : 매각공고된 물건수   진행건수 : 실제 입찰이 진행된 물건수(낙찰+유찰)
총낙찰가율 : (낙찰가총액 / 감정가총액) x 100
평균낙찰가율 : 물건별 낙찰가율의 합계 / 낙찰건수
사분위수(±25%) : 상하위 각 25%를 제외한 나머지의 최대 및 최소 낙찰가율
월평균변화율 : 2022년 10월 기준 검색기간 내의 월별 낙찰가 평균의 변화율
평균입찰소요기간 : 경매개시결정일부터 첫 매각기일까지 소요기간
평균낙찰소요기간 : 경매개시결정일부터 낙찰일까지 소요기간

◉ 최근1년 지역/기간별 통계 (대상기간: 2022.01.09 ~ 2023.01.09)

• 서울

지역통계			서울		
기간	용도	낙찰가율		평균낙찰가율	낙찰건수
1년간 평균	아파트	91.73%		91.03%	285
6개월 평균	아파트	85.61%		83.68%	139

모아 고점에 매매를 한 사람들, 급하게 다주택자가 되었는데 엑시트 계획에 차질을 겪고 있는 사람들이 크게 당황하고 있습니다. 그런데 경매는 일단 시세보다 싸게 사는 경우가 많기 때문에 어려운 상황에서 더 버틸 수 있고, 손해를 최소화하는 매도전략이 가능합니다. 어떤 입지의 어떤 부동산을 사는 것도 물론 중요하지만, 결국 '가격'을 빼놓고는 이야기하기 힘들다는 것을 깨닫게 됩니다.

최근 1년간(2022년 1월~2023년 1월)의 서울지역 아파트의 평균낙찰가율은 91%였는데, 최근 6개월로 보면 83.68%, 3개월의 평균낙찰가율은 79.39%로 떨어졌습니다. 이전보다 훨씬 낮아진 입찰경쟁률 안에서 시세보다 싸게 낙찰받을 확률이 높아진 것입니다. 고금리와 부동산 하락이 맞물려 거래가 많이 줄어든 상황인 만큼, 싸게 사서 시세차익을 기대하는 경매투자가 훨씬 쉬워졌다고 할 수 있습니다. 집값 하락과 고금리 상황에서 버티지 못하고 경매로 나오는 매물들이 계속 증가하고 있기 때문에 좋은 물건들이 많아졌고, 현재 급매가보다도 낮은 금액으로 안전마진을 확보하면서 좋은 입지의 좋은 물건을 싸게 낙찰받는 것에 도전해 보시기 바랍니다.

미래가치가 있는 물건을 '빨리' 잡을 수 있다

부동산 상승기, 폭등기에는 경매에 매물이 올라오기 무섭게 신건에서 감정가 이상으로 낙찰되는 경우가 많습니다. 수요가 충분하고, 집값이 빠르게 상승하는 상황이라면 '매도자 우위' 시장이 형성되는데, 워낙 일반 매매 시장에서 빠르게 매물 가격이 오르고, 또 물건이 빠르게 소진되기 때문에 경매로 부동산을 매수하려는 사람들이 증가하게 됩니다. 이런 상황에서는 입찰 경쟁이 치열해지고, 낙찰가도 높아집니다. 시세가 빠르게 상승하고 있기 때문에 감정가 대비 싸게 사는 것을 목표로 하기보다는 '빨리' 소유한다는 생각으로 낙찰을 받는 경우가 대부분입니다. 그래서 낙찰가가 현재 시세 수준이거나 더 비싼 경우도 많습니다. 미래에는 더 오를 것이라고 생각하기 때문에 그 가격으로 입찰하는 것이죠.

부동산 상승기가 아니어도 미래에 더 많이 오를 것이 예상되면 감정가가 아닌 미래가치가 반영된 금액으로 입찰을 합니다. 추후 재개발, 재건축이 예정되어 있거나 호재가 생긴 지역의 경우가 이에 해당됩니다. 이런 물건들은 현재 시세보다 훨씬 높은 금액으로 낙찰이 됩니다. 일단 물건을 잡는 것이 지금 감

6주 만에 마스터하는 친절한 부동산 경매 과외

정가 대비 싸게 사는 것보다 훨씬 중요하기 때문입니다.

위 사례를 보면 상가건물 지하 호실 하나가 무려 감정가의 162% 금액으로 낙찰이 되었습니다. 이 지역은 재개발 계획 중인 지역으로 소유자에게 입주권이 배정될 수 있기 때문에 사람들이 감정가보다 훨씬 높은 금액에 입찰을 한 것입니다. 입주권은 일정 평수 이상만 되면 도로 소유주에도 주는 경우가 있기 때문에 평소였다면 여러 번 유찰이 됐을 법한 도로가 감정가의 몇 배의 금액으로 낙찰되는 경우도 있습니다. 선호도가 낮은 반지하 물건, 오래된 물건에도 많은 사람들이 귀신처럼 찾아와서 감정가 이상으로 낙찰을 받아 갑니다. 미래 수익에 대한 확신이 있다면 싸게 사기보다는 빠르게 물건을 잡는다는 전략으로 접근해 보길 바랍니다. 미래가치를 반영해서 감정가보다 높게 낙찰받았다고 하더라도 현재 일반 거래 물건보다는 확실히 싸게 매입할 경우가 대부분입니다. 경매라는 허들을 하나 거치면서 경쟁이 줄기 때문입니다.

경매에서의 감정가는 참고 자료일뿐, 감정가가 실제 가치라고 생각하면 안 됩니다. 경매에 나온 시점보다 6개월 이전에 평가한 금액이고, 그간의 변동 상황으로 가치가 달라질 수 있기 때문입니다. 누가 더 많이 넓게 조사하고, 준비하느냐가 매우 중요합니다. 덧붙여 공부를 하실 때에는 이미 낙찰이 된 물건들을 조사하면서 생각보다 높게 낙찰이 된 물건을 보면 그 이유를 찾아보고, 어느 정도의 가치를 반영시켜서 사람들이 입찰을 하는지, 그 금액이 시세와는 얼마나 더 싼지를 비교해 보시는 것도 아주 좋은 공부가 될 것입니다.

2주차

6주 만에 마스터하는
친절한 부동산 경매 과외

부동산 경매와
일반 매매,
뭐가 다를까?

일반 부동산 시장에서 매매를 하는 것이 마트에서 물건을 소비자가로 구입하는 것이라면, 경매로 넘어온 물건은 '세일' 개념이 붙습니다. 일반 거래로 팔리지 않았거나, 어떤 사정이 있어 '세일' 매대에 놓인 것이죠. 경매로 넘어간 물건은 객관적이고 정확한 기준으로 감정가가 매겨지기에 일반 매매처럼 집주인이 맘대로 호가를 부르는 것은 불가합니다. 경매는 입찰자 간의 경쟁을 통해 낙찰을 받는 것이기 때문에, 자연스럽게 경매에 참여하는 입찰자들은 최대한 싸게 구매하기 위해 노력하게 됩니다. 싸게 사기 위해서는 입찰 경쟁률이 낮은 물건을 찾아내는 것이 필요합니다. 경쟁률이 낮아야 싸게 살 수 있는 확률도 높아지니까요.

경매에 대한
네 가지 오해

20대 시절 읽었던 재테크 관련 책들에서는 경매를 통해 부동산을 싸게 사고, 큰 부를 얻었다는 이야기가 많았습니다. 그런 책들을 보면서 경매라는 것은 집을 아주 싸게 얻을 수 있는 대단한 기술이라 생각했습니다. 하지만, 바로 공부를 시작하지 않았던 것은 그 기술이 매우 어려울 것이라는 생각과 경매로 돈을 버는 사람들은 '투기 세력', 임차인들은 '선한 사람'이라는 이미지가 있었기 때문입니다.

게다가 저는 실제로 부모님께서 몇 년간 힘들게 지은 건물이 IMF 시절 경매에 넘어간 경험이 있었습니다. 그때는 이 건물을 올리기까지 정말 긴 시간 노력하고 고생한 것이 무색하게, 우리 가족의 땀과 노력, 시간이 깃든 건물을 제삼자가 헐값에 손에 넣는다고 생각했습니다.

경매 강의를 진행하면서 과거의 저처럼 경매로 쉽게 큰 이득을 취할 수 있다는 환상을 가지고 있거나 경매는 위험하고 나쁜 것이라는 선입견을 갖고 있는 사람들을 만납니다.

"경매는 위험한 거 아닌가요?"

"경매를 공부한다고 하니까, 주변에서 투기꾼 취급하더라고요."

"경매는 불쌍한 사람들 막 내쫓는 거라 반감이 들더라고요."

"책 보니까 경매로 집을 반값에 사고 그러던데, 실제는 왜 이렇게 낙찰가가 높죠?"

"경매하면 쉽게 부자 될 줄 알았는데, 엄청난 시간과 품이 드는 일이네요."

당신은 경매에 대해 어떤 생각을 갖고 있나요?

경매는 위험하다?

경매는 안전한 부동산 매매 방법입니다. 경매에서는 권리사항, 관계인들과 관련된 많은 서류들이 투명하게 공개되어 있어 이를 모두 살펴볼 수 있습니다. 일반 매매의 경우 부동산중개소를 통해 거래한다고 하더라도 모든 관련 자료가 공개된 상태가 아니기 때문에 리스크가 존재합니다. 그래서 여전히 전세사기사건, 계약 문제들이 끊이지 않는 것이지요. 그에 비해 경매는 미리 모든 자료들을 확인할 수 있어 오히려 안전합니다. 물론 자신의 지식과 경험이 부족한 경우 위험할 수 있는 경매 물건들도 있습니다. 그런 물건은 입찰을 하지 않으면 됩니다. 권리관계가 확실하게 이해되고, 안전하다고 판단되는 물건에 입찰하면 되는 것입니다. 권리분석의 기본 지식이나 경매의 과정은 몇달의 공부로도 충분히 이해할 수 있는 수준의 내용이고, 간단한 권리분석으로도 충분히 입찰할 수 있는 물건들이 훨씬 많습니다. 초보자들도 경매에 도전할 수 있는 이유입니다.

입찰가와 시세는 별개다?

경매 수강생분들이 놀라는 것 중 하나가 낙찰가가 생각보다 높다는 사실입니다. 시세와 비슷한 수준으로 낙찰이 되는 사건들을 보고 경매에 대한 환상이 깨지는 것이죠. 경매가 일반 매매보다 부동산을 싸게 살 수 있는 기회인 것은 맞습니다. 저 역시 거의 시세의 반값에 가까운 금액으로 아파트를 낙찰받은 경험도 있고, 돈을 거의 들이지 않고 주택을 매수하여 수익을 얻은 경험이 있지만, 모든 상황이 잘 맞아떨어졌기에 가능했던 사례였습니다. 매물에 따라 낙찰 폭이 달라지지만 사람들이 선호하는 부동산이라면 대부분은 급매가 또는 일반 시세보다 5~10% 정도 저렴하게 낙찰받는 경우가 많습니다.

경매는 경쟁을 통해 가장 높게 금액을 쓴 단 한 사람이 낙찰을 받아가는 거래입니다. 그래서 이 사건에 어떤 사람들이 참여했는지가 낙찰에 영향을 끼칩니다. 이 아파트를 절실하게 원하는 사람이 있다면 반드시 낙찰을 받고자 시세와 비슷한 가격으로 입찰할 수 있을 것입니다. 부동산 급등기에 매물이 없는 경우나, 희소가치가 있는 물건의 경우 감정가보다 훨씬 높은 금액으로 입찰하는 경우도 많고요. 결국 각자가 바라보는 미래가치가 다르고, 이루고자 하는 바가 다르기에 내가 예상했던 금액과 다르게 낙찰되는 경우가 많습니다. 결국 전반적인 부동산 상황, 정책, 거래 시세가 경매에도 반영이 될 수밖에 없습니다.

경매는 누군가에게 피해를 준다?

다양한 사례가 있겠지만 대부분의 경우 낙찰자는 채권·채무관계를 정리하면서 사건의 문제를 해결해 주는 위치입니다. 물론 피해자가 존재하는 경우가 있는데, 이때 가해자는 집주인이거나 제삼자이지, 낙찰자는 아닙니다. 보증금을 집주인으로부터 돌려받지 못해 이사도 하지 못하고 있는 임차인의 경우 경매를 통해 보증금을 돌려받게 되는 것이니, 그들에게 낙찰자는 오히려 고마운 존재입니다.

경매를 하는 사람들은 투기꾼이다?

결과만 보게 되는 세상에서 사람들은 경매로 아주 손쉽게 수천만 원, 수억 원을 쉽게 벌 수 있다고 생각하기 쉽습니다. 이를 얻기 위한 그간의 과정과 노력, 그리고 실패의 모습은 외부에 노출되지 않으니까요. 경매를 공부하고 입찰을 해 보고, 패찰을 경험해 보면 경매는 투기소득, 불로소득이 아니라 노력한만큼 얻게 되는 노동 수입에 가깝다는 것을 깨닫게 됩니다. 나의 땀과 노력에 따라 성과가 달라지기 때문입니다. 또한 경매 법원에는 소위 '꾼'들보다 내 집마련을 위해, 내 보증금을 지키기 위해, 나의 노후를 준비하기 위해 절실한 마음으로 참가하는 사람이 예상보다 많다는 점도 정확히 알아주길 바랍니다.

경매에 대한 환상을 크게 갖고 시작한 사람들일수록 실제 과정을 보고 금방 경매를 포기해 버리곤 합니다. 무언가를 꾸준히 열심히 하다 보면 답답하고 더딘 순간도 마주하지만, 깜짝 놀랄 만큼 좋은 기회의 순간, 운이 좋은 날도 만나는 법입니다. 그 달콤한 순간이 있기에 우리 모두는 오늘도 묵묵히 자신의 일을 해내고 있다고 생각합니다. 경매에 대한 환상을 버리고, 정확하게 경매를 알고 묵묵히 도전할 다짐을 하길 바랍니다. 그러면 언젠가 경매 성공담의 주인공이 되는 날이 올 것입니다. 그땐 여러분도 경매의 환상을 누군가에게 심어주게 될지도 모르겠네요.

평범한 물건이
경매에 나오기까지

　아직도 '경매' 하면 빨간 딱지부터 떠올리시나요? 강의를 진행하다 보면 무섭게 생긴 사람들이 강제로 사람들을 내쫓는 장면으로 경매를 기억하고 있는 분, 경매에 나온 물건은 멀쩡한 물건이 아닐 것 같다고 생각하는 분, 사연이 있는 복잡한 물건이나 안 팔리는 물건들만 경매에 나온다고 생각하는 분 등을 수강생으로 만나게 됩니다. 모두 경매에 대한 선입견을 갖고 계신 분들이었습니다. 이처럼 경매를 오해하고 계신 분들을 위해 평범한(?) 건물이 어떻게 경매에 나오게 되는지, 입찰자 입장에서 경매는 어떻게 진행되는지 예시를 통해 익혀보도록 하겠습니다.

경매는 누가, 어떻게, 왜 신청하는 걸까?

(1) 경매 신청

홍길동이라는 사람이 은행의 주택담보대출을 받아 빌라 한 채를 샀습니다. 매월 원리금을 잘 갚아 나가다가 그만 연체를 하게 되었습니다. 연체가 한 번 시작되니, 점점 더 자금 상황은 어려워졌고, 다시 또 연체를 하게 되었습니다. 두 달 이자를 밀린 것뿐이라 생각했지만, 갑자기 은행으로부터 '기한이익상실 예정'이라는 문자를 받게 됩니다. 이젠 대출 이자만 갚으면 안 되고, 대출금 전체를 일시에 갚으라는 내용이었습니다. 부랴부랴 다른 은행에 대출을 알아보았지만, 연체기록 때문에 여의치가 않습니다. 결국 홍길동은 대출상환을 하지 못하게 되었고, 은행(채권자)은 경매신청서를 작성하여 관할 법원에 경매를 신청하게 됩니다. 빌라가 경매에 넘어가게 된 것입니다.

(2) 현황조사, 감정 평가

경매신청서를 받은 법원은 경매진행을 시작합니다. 집주인이 사는 집인지, 임차인이 살고 있는 집인지 등을 조사하고(현황조사), 부동산의 감정가를 정하기 위해 감정평가도 시작합니다. 세입자 및 다른 채무자 등 관련자들에게 경매가 진행됨을 알리고, 향후 낙찰가에 대해서 배당을 받으려면 어서 배당요구를 하라고 통보합니다.

(3) 매각기일 공고

이제 경매 준비가 끝났습니다. 드디어 일반인들에게 경매가 진행됨을 알리게 됩니다(매각기일 공고). 이때부터 법원경매사이트에서 사건들을 확인할 수 있게 됩니다. '사건번호'가 붙여지고, 경매 매물은 하나의 사건으로 처리됩니다. 현황조사서와 감정평가서, 매각물건명세서 등 경매 입찰을 위해 필요한 사건에 대한 서류와 정보도 함께 공개됩니다.

(4) 입찰

공고된 입찰일에 경매 법정에 모여 사람들이 입찰을 합니다. 가장 높은 금액을 쓴 사람이 낙찰자가 되고, 아무도 입찰하지 않으면 '유찰'이 되있다고 표현합니다. 이렇게 되면 한 달 후로 다음 입찰일이 잡힙니다. 이를 제2매각기일이라고 합니다. 한 번 유찰이 될 때마다 서울은 감정가의 20%, 이외 지역은 20~30%씩 감하여 최저입찰가가 정해집니다. 예를 들어 감정가가 1억 원인 서울에 위치한 아파트가 있다고 했을 때 첫 입찰일(제1매각기일)에 유찰이 될 경우 한 달 후, 다음 입찰일(제2매각기일)에는 8천만 원(1억 원의 80%)이 최저입찰가가 되어서 이 금액 이상부터 입찰가를 쓸 수 있게 됩니다. 그 다음번엔 80%의 20%가 저감되어 감정가의 64%가 최저입찰가로 정해집니다. 유찰이 될수록 가격적인 메리트가 생기게 되기 때문에 많은 사람들의 관심도 늘어납니다.

(5) 매각허가결정 또는 매각불허가결정

낙찰자(최고가매수인)가 나왔다면 법원은 1주일의 시간을 갖고 허가, 불허가 결정을 고민합니다. 매각 절차상 하자는 없었는지, 낙찰자의 결격사유는 없는지 살펴봅니다. 금액을 제대로 썼는지, 수정한 자국은 없는지 입찰보증금은 제대로 되어 있는지, 제출서류는 이상 없이 들어왔는지 등을 살펴보는 것입니다. 이 기간 동안 낙찰자는 '매각허가 이의신청(매각불허가 신청)'을 할 수 있습니다. 물건을 낙찰받아 직접 집 안을 들어가 보았더니, 예상치 못했던 심각한 문제*가 발견하게 될 경우 낙찰자는 '매각허가 이의신청'을 통해 본 낙찰을 취소하고, 입찰보증금을 돌려받을 수 있습니다. 하지만, 이를 쉽게 허용한다면 입찰자들이 쉽게 응찰하고, 낙찰받은 후 변심해서 취소해 달라며 이의신청을 남발할 수도 있겠지

★ 현저한 훼손(크랙이 심해 집이 안전하지 않다고 판단되거나 심한 누수 등), 점유자가 서류와 다를 경우와 같이 중대한 권리관계가 변동된 경우 등

요? 때문에 법원은 매우 까다롭게 판단하여 매각불허가 신청을 받아 줍니다. 매각불허가 신청을 할 수 있는 경우는 다음과 같습니다.

매각불허가 신청이 가능한 경우

1. 강제집행을 허가할 수 없거나 집행을 계속 진행할 수 없을 때
2. 최고가매수신고인이 부동산을 매수할 능력이나 자격이 없는 때
3. 부동산을 매수할 자격이 없는 사람이 최고가매수신고인을 내세워 매수신고를 한 때
4. 다른 사람과 담합하거나 그 밖의 매수신청을 방해한 사람 또는 이를 교사한 사람
5. 최저매각가격의 결정, 일괄매각의 결정 또는 매각물건명세서의 작성에 중대한 흠이 있는 때
6. 천재지변, 그 밖에 자기가 책임을 질 수 없는 사유로 부동산이 현저하게 훼손된 사실 또는 부동산에 관한 중대한 권리관계가 변동된 사실이 경매절차의 진행 중에 밝혀진 때
7. 경매절차에 그 밖의 중대한 잘못이 있는 때

※ 민법 제121조(매각허가에 대한 이의신청사유) 참고

매각불허가 신청이 받아들여질 경우, 이 물건은 다시 경매에 붙여지는데 이를 '재경매'라고 합니다. 이때에는 입찰보증금이 최저입찰가의 10%가 아닌 20~30%로 바뀌게 되니, 주의하셔야 합니다.

(6) 매각허가결정 확정

낙찰자나 물건에 별다른 문제가 없다면 일반적으로는 낙찰 후 1주일이 지나면 '매각허가결정'이 떨어집니다. 법원의 매각허가결정 이후 1주일은 이해관계인들의 항고기간인데요, 이해관계자들이라 함은 채권자, 채무자(돈을 빌린 사람, 임차인 등), 임금을 못 받은 회사 직원 등이 있을 수 있습니다. 매각허가결정에 중대한 잘못이 있거나, 이 결정에 따라 손해를 볼 수 있는 이해관계인은 이때 '즉시항고'를 할 수 있습니다. 아무 항고가 없다면 낙찰 후 약 2주일 후 매각허가결정이 확정됩니다.

(7) 대금 납부

매각허가결정이 확정되면, 대금납부일이 정해집니다. 낙찰자에게 지정된 날짜(보통 한 달 후)까지 입찰금을 제외한 낙찰가 전부를 납부하라는 내용의 대금납부통지가 갑니다. 보통의 입찰자들은 경매를 입찰하기 전에 이 사건에 대해 얼마까지 대출이 나오는지 사전에 확인하고 입찰을 하게 됩니다. 낙찰을 받았는데 대출이 되지 않거나, 생각만큼 한도가 나오지 않는다면 큰일이니까요. 그래서 낙찰자는 입찰하기로 한 사건을 결정하고, 대출상담사들에게 대출한도와 금리를 필히 문의해야 합니다. 내 수중의 동원 가능한 돈과 대출을 더해 입찰이 가능한지 따져본 후, 입찰하게 됩니다. 낙찰을 받으면 바로 집을 방문해 보고, 결격사유가 있는지 확인합니다. 문제가 있다면 어서 매각불허가 신청을 해야 하지요. 하지만 대부분은 입찰 전에 조사를 한 서류들과 별다른 차이가 없기 때문에 명도와 대금납부 계획을 짭니다. 그래서 낙찰을 받으면 대략 한 달 반 후에 돈을 낸다고 예상하고 준비를 시작하면 됩니다.

(8) 경매 종료

은행에서 대출을 받아 대금을 납부하면서 소유권이전등기를 하고, 법원은 낙찰자의 돈으로 채권자들에게 순서에 따라 돈을 배당해 준 후 본 사건은 종료됩니다.

어떠신가요? 다소 용어들이 생소하고 어렵게 느껴지시죠? 당연합니다. 그래도 괜찮습니다. 결국 경매를 계속 도전하시면 언젠가는 낙찰받는 날이 올 것이고, 그렇게 한 사이클을 실제로 경험해 보시면 바로 이해가 되실 겁니다. 전체 과정의 흐름만 파악하고, 단계별 과정에 왔을 때마다 조금씩 반복해서 공부해 보세요. 경매 절차는 그렇게 하시면 금방 체득하게 되실 겁니다.

 POINT

간단 경매 순서

(1) 경매 신청

(2) 현황조사, 감정평가

(3) 매각기일 공고

(4) 입찰

(5) 매각허가결정 또는 매각불허가결정

(6) 매각허가결정 확정

(7) 대금 납부

(8) 경매 종료

경매에 나오는 물건의 종류

처음 경매를 시작하시는 분들 중 대다수는 아파트, 빌라 등의 주거용 건물에 관심을 갖습니다. 하지만, 경매에 나오는 물건의 종류는 매우 다양합니다. 경매사이트에서는 종류별로 검색을 할 수 있도록 서비스를 제공하고 있습니다. 주거용 건물인 아파트, 단독주택, 연립, 원룸뿐만 아니라 사무실, 근린상가,

유료경매사이트의 다양한 물건 종류

공장, 고시원, 모텔과 같은 숙박시설, 주차장, 교회, 임야, 축사, 양어장 등 정말 다양한 종류의 부동산이 경매에 나옵니다.

저도 처음에는 주거용 물건을 위주로 입찰을 시도했고, 점차 경험이 쌓이면서 수익형 물건에도 도전하게 되었습니다. 상가를 낙찰받아 월세 수입을 만들었고, 펜션을 낙찰받아 에어비앤비를 운영하며 추가 수익을 창출하고 있습니다. 가족들과 휴가를 보낼 때 별장으로 이용하기도 하지요.

수강생들 중에는 경매를 통해 자동차를 낙찰받아 수입차를 갖고 싶은 꿈을 빠르게 이룬 분도 있었습니다. 이렇게 다양한 종류의 물건들이 있고, 활용 범위가 넓기 때문에 한 번 배워 두면 내 집 마련 이외의 목표도 얼마든지 이룰 수 있다는 것이 경매의 큰 장점입니다.

꼭 봐야 하는
두 가지 경매 서류

부동산의 기본이 되는 등기부등본

등기부등본은 부동산의 권리관계가 등기되어 있는 부동산의 가장 기본이 되는 서류입니다. 끊이지 않는 보증금 피해사건들 중에는 등기부등본만 제대로 확인했다면 피할 수 있었던 사건들도 많이 있기 때문에, 그런 상황을 볼 때마다 너무 안타깝습니다. 특히 처음 임대차계약을 하는 사회초년생들이나 신혼부부들이 전세사기사건의 주 타깃이 되기 때문에 임대차계약을 하기 위해서는 반드시 등기부등본 공부가 선행되어야 합니다. 개인적으로는 초등학교의 생존수영이 필수 교육과정으로 자리 잡았듯, 고등학교에서도 등기부등본과 임대차계약에 관한 수업을 필수로 가르치고 사회에 내보냈으면 하는 바람이 있습니다.

등기부등본의 구조

등기부등본은 인터넷등기소에서 누구나 발급 가능합니다. 열람에는 700원, 출력에는 1,000원의 비용이 부과됩니다. 등기부등본의 큰 틀을 먼저 살펴보고, 세부 내용을 보면서 내용을 이해해 보도록 하겠습니다. 등기부등본은 표제부, 갑구, 을구, 요약의 순서로 구성되어 있습니다.

등기부등본의 구성

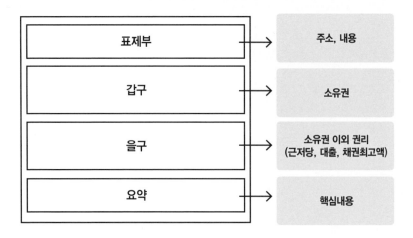

표제부	→	주소, 내용
갑구	→	소유권
을구	→	소유권 이외 권리 (근저당, 대출, 채권최고액)
요약	→	핵심내용

표제부

표제부에는 물건의 주소와 건물의 외형적 특징(평수, 층수, 아파트인지 주택인지 등의 내용)이 적혀 있습니다.

갑구

【 갑 구 】 (소유권에 관한 사항)				
순위번호	등 기 목 적	접 수	등 기 원 인	권리자 및 기타사항
1	소유권보존	2012년8월1일 제66569호		소유자 ████████████ ████████-████████ 인천광역시 연수구 센트럴로 123 (송도동)
1-1	금지사항등가		2012년6월11일	이 주택은 부동산등가법에 따라 소유권보존등가를 마친 주택으로서 임주예정자의 동의를 얻지 아니하고는 당해 주택에 대하여 양도 또는 제한물권을 설정하거나 압류, 가압류, 가처분 등 소유권에 제한을 가하는 일체의 행위를 할 수 없음. 2012년8월1일 부가
2	소유권이전	2012년10월19일 제93383호	2010년1월19일 매매	소유자 ████ ████████-████████ 인천광역시 연수구 해돋이로 107, 6동

[집합건물] 인천광역시 연수구 송도동 16-8 ████████████████ ████ ████				
순위번호	등 기 목 적	접 수	등 기 원 인	권리자 및 기타사항
				1105호 (송도동, 송도 더샵 퍼스트월드)
3	1-1번금지사항등기 말소			2번 소유권이전등기로 인하여 2012년10월19일 등기
4	소유권이전	2021년2월15일 제55952호	2020년12월15일 매매	소유자 ████ ████████-████████ 제주특별자치도 제주시 한림읍 금능남로 127, 거래가액 금925,000,000원
5	강제경매개시결정	2022년4월18일 제128807호	2022년4월18일 인천지방법원의 강제경매개시결 정 (2022타경509 603)	채권자 ████ ████████-████████ 대구 동구 첨단로 7 (신서동) (광주제기지원단)
6	가압류	2022년5월30일 제185287호	2022년5월30일 인천지방법원의 가압류 결정 (2022카단1 03086)	청구금액 금925,000,000 원 채권자 ████ ████████-████████ 인천 연수구 컨벤시아대로42번길 35, ████████████████

갑구에는 소유권에 관한 내용이 담겨 있는데, 소유자가 누구인지, 상속을

받은 것인지, 누구로부터 언제 소유권 이전이 되었는지, 언제 경매로 넘어갔는 지가 모두 이 갑구에 적혀 있습니다. 조금 더 자세히 살펴보면, 갑구의 소유권 관련 사항에는 가등기(소유권이전청구권가등기, 담보가등기), 압류, 가압류, 가처분 (처분금지가처분, 담보설정금지가처분), 경매결정기입등기 등의 내용이 적혀 있음 을 알 수 있습니다.

을구

【 을 구 】		(소유권 이외의 권리에 관한 사항)		
순위번호	등 기 목 적	접 수	등 기 원 인	권리자 및 기타사항
1	근저당권설정	2012년10월19일 제93384호	2012년10월19일 설정계약	채권최고액 금536,400,000원 채무자 인천광역시 연수구 해돋이로 107, 6동 1105호(송도동,송도 더샵 퍼스트월드) 근저당권자 주식회사국민은행 110111-2365321 서울특별시 중구 남대문로2가 9-1 (학익동지점)
2	1번근저당권설정등 기말소	2017년4월4일 제114924호	2017년4월4일 해지	
3	전세권설정	2021년2월15일 제55953호	2020년12월15일 설정계약	전세금 금400,000,000원 범 위 주거용 건물의 전부 존속기간 2021년 02월 15일부터 2023년 02월 14일까지 전세권자

을구는 소유권 이외에 집에 대한 권리사항이 적혀 있습니다. 보통은 은행 의 근저당권 내용이 많이 적혀 있는 곳입니다. 저당권, 근저당권, 전세권, 지상 권, 지역권 등이 적혀 있는 모습을 보시게 될 것입니다.

주요 등기사항 요약

주요 등기사항 요약 (참고용)

[주 의 사 항]

본 주요 등기사항 요약은 증명서상에 말소되지 않은 사항을 간략히 요약한 것으로 증명서로서의 기능을 제공하지 않습니다.
실제 권리사항 파악을 위해서는 발급된 증명서를 꼭 확인하시기 바랍니다.

고유번호 1201-2012-003373
[집합건물] 인천광역시 연수구 송도동 16-8 송도더샵그린애비뉴7단지 제703동 제24층 제2402호

1. 소유지분현황 (갑구)

등기명의인	(주민)등록번호	최종지분	주　　　소	순위번호
●●● (소유자)	●●●●●●-*******	단독소유	제주특별자치도 제주시 한림읍 금능남로 127, 216동 202호 (라온프라빗타운)	4

2. 소유지분을 제외한 소유권에 관한 사항 (갑구)

순위번호	등기목적	접수정보	주요등기사항	대상소유자
5	강제경매개시결정	2022년4월18일 제128807호	채권자　신용보증기금	●●●
6	가압류	2022년5월30일 제185287호	청구금액　금925,000,000 원 채권자　●●●	●●●

3. (근)저당권 및 전세권 등 (을구)

순위번호	등기목적	접수정보	주요등기사항	대상소유자
3	전세권설정	2021년2월15일 제55953호	전세금　금400,000,000원 전세권자　●●●●●●●●	●●●

[참 고 사 항]

가. 등기기록에서 유효한 지분을 가진 소유자 혹은 공유자 현황을 가나다 순으로 표시합니다.
나. 최종지분은 등기명의인이 가진 최종지분이며, 2개 이상의 순위번호에 지분을 가진 경우 그 지분을 합산하였습니다.
다. 지분이 통분되어 공시된 경우는 전체의 지분을 통분하여 공시한 것입니다.
라. 대상소유자가 명확하지 않은 경우 '확인불가'로 표시될 수 있습니다. 정확한 권리사항은 등기사항증명서를 확인하시기 바랍니다.

　　요약 페이지는 말소사항을 제외하고 나머지 정보를 요약 정리해 둔 페이지입니다. 앞에서 등기부등본의 갑구, 을구를 볼 때 취소선이 그어진 부분을 보셨을 겁니다(표제부에도 말소사항이 존재할 수 있습니다). 그 부분을 말소사항이라고 하는데요, 말소사항을 모두 반영한 후 살아 있는 주요 등기사항들이 정리되어 있어 등기부등본의 전체적인 내용을 빠르게 확인할 수 있습니다.

　　앞에서 나온 용어들과 구조는 외우지 않으셔도 됩니다. 큰 틀에서 이해를 하고, 추후 권리분석을 하면서 실제 경매 사례들과 등기부등본을 반복해서 보

면 저절로 체득하게 될 것입니다. 경매에서는 '낙찰을 받은 후 등기부등본이 깨끗해지는 것'이 중요합니다. 그래서 말소되는 권리와 말소되지 않는 권리를 구분할 줄 알아야 합니다. 예를 들어 예고등기, 소유권이전등기 같은 것은 추후 소멸되지 않는 권리일 가능성이 있기 때문에 조심히 살펴보아야 합니다. 부동산 경매를 처음 시작하신 분들은 낯선 용어들 때문에 내가 할 수 있을지 걱정이 될 수도 있겠습니다. 하지만 추후 권리분석 공부를 통해 어떤 권리들이 소멸되고, 소멸되지 않는지 알게 될 것이니 걱정하지 마세요. 처음 경매를 시작하시는 분들은 권리내용들이 단순하고 낙찰 후 깔끔하게 정리되는 물건을 위주로 도전을 시작해 보세요. 실제 등기부등본을 보면서 위의 구조와 세부 내용들을 익혀 나가다 보면, 등기부등본 보기는 곧 쉬운 과정이 될 것입니다.

POINT
등기부등본 간단히 이해하기
- **표제부**: 건물의 주소, 평수, 종류
- **갑구**: 집주인 이름
- **을구**: 은행에서 대출받은 금액과 내용
- **요약**: 친절하게 정리해 주는 페이지

권리분석에 가장 중요한 정보만 담은 매각물건명세서

부동산 경매에서 매각물건명세서는 권리분석을 하고, 입찰 여부를 결정하는 데 기본이 되는 아주 중요한 서류입니다. 대법원 법원경매정보사이트에서 제공하는 공적서류로 누구나 볼 수 있고, 매각기일 1주일 전에 공개가 됩니다. 매각물건명세서에서 확인할 수 있는 내용들은 아래와 같습니다.

- 사건번호
- 물건번호
- 담당법관
- 감정평가액
- 최저매각가격
- 최선순위(말소기준권리)설정일
- 배당요구종기
- 임차인 성명
- 임대차기간
- 임대보증금
- 전입신고일
- 확정일자
- 임차인의 배당요구여부
- 매각으로 소멸되지 않는 권리(지상권 등)
- 비고(특이사항)

매각물건명세서 보는 법

① 점유자 확인

실제 매각물건명세서를 살펴보도록 하겠습니다. 먼저 이 집에 누가 살고 있는지 확인합니다.

서 울 중 앙 지 방 법 원

2022타경103431

매각물건명세서

사 건	2022타경103431 부동산임의경매 2022타경104984(중복)	매각 물건번호	1	작성 일자	2022.11.09	담임법관 (사법보좌관)		(인)
부동산 및 감정평가액 최저매각가격의 표시	별지기재와 같음		최선순위 설정		2014.8.25. 근저당	배당요구종기		2022.06.29

부동산의 점유자와 점유의 권원, 점유할 수 있는 기간, 차임 또는 보증금에 관한 관계인의 진술 및 임차인이 있는 경우 배당요구 여부와 그 일자, 전입신고일자 또는 사업자등록신청일자와 확정일자의 유무와 그 일자

점유자의 성 명	점유부분	정보출처 구 분	점유의 권 원	임대차기간 (점유기간)	보 증 금	차 임	전입신고일자,사업 자등록 신청일자	확정일자	배당요구여부 (배당요구일자)
				조사된 임차내역없음					

※ 최선순위 설정일자보다 대항요건을 먼저 갖춘 주택·상가건물 임차인의 임차보증금은 매수인에게 인수되는 경우가 발생 할 수 있고, 대항력과 우선변제권이 있는 주택·상가건물 임차인이 배당요구를 하였으나 보증금 전액에 관하여 배당을 받지 아니한 경우에는 배당받지 못한 잔액이 매수인에게 인수되게 됨을 주의하시기 바랍니다.

등기된 부동산에 관한 권리 또는 가처분으로 매각으로 그 효력이 소멸되지 아니하는 것

매각에 따라 설정된 것으로 보는 지상권의 개요

비고란

주1 : 매각목적물에서 제외되는 미등기건물 등이 있을 경우에는 그 취지를 명확히 기재한다.
 2 : 매각으로 소멸되는 가등기담보권, 가압류, 전세권의 등기일자가 최선순위 저당권등기일자보다 빠른 경우에는 그 등기일자를 기재한다.

위 매각물건명세서에는 '조사된 임차내역 없음'이라 적혀 있습니다. 이는 임차인이 거주하지 않는다는 뜻으로 집주인이 살고 있는 집일 가능성이 큽니다.

서 울 남 부 지 방 법 원

매각물건명세서

사 건	2022타경109244 부동산강제경매		매각 물건번호	1	작성 일자	2022.10.07	담임법관 (사법보좌관)	●●●	춘천 印象
부동산 및 감정평가액 최저매각가격의 표시	별지기재와 같음		최선순위 설정		2020.11.05. 가압류		배당요구종기	2022.09.22	

부동산의 점유자와 점유의 권원, 점유할 수 있는 기간, 차임 또는 보증금에 관한 관계인의 진술 및 임차인이 있는 경우 배당요구 여부와 그 일자, 전입신고일자 또는 사업자등록신청일자와 확정일자의 유무와 그 일자

점유자 성 명	점유 부분	정보출처 구 분	점유의 권 원	임대차기간 (점유기간)	보 증 금	차 임	전입신고 일자, 사업자등록 신청일자	확정일자	배당 요구여부 (배당요구일자)
●●●	미상	현황조사	주거 임차인	미상	미상	미상	2018.04.23. (전입세대 열람내역)	미상	
	502호	권리신고	주거 임차인	2018.04.30.~ 2022.04.29.	150,000,000		2018.04.23.	2018.05.02	2022.06.10

〈비고〉

●●● : 경매신청채권자로 권리신고 및 배당요구일자는 경매신청일임.

임차인이 거주하는 경우 임차인의 성명과 보증금, 전입신고일자, 확정일자 등이 적혀 있습니다. 권리신고 내용과 현황조사상의 내용이 함께 적혀 있으니, 이 둘을 모두 참고하면 됩니다.

② 말소기준권리 확인

그 다음으로 볼 내용은 말소기준권리를 확인하는 것입니다. 최선순위 설정란에 날짜와 종류가 적혀 있습니다. 위 내용에서는 '2020.11.05. 가압류'라고 적혀 있네요. 가장 먼저 해당 부동산에 설정된 권리로, 이 물건에서의 말소기준권리가 됩니다.

③ 선순위임차인 여부와 배당요구종기일 확인

최선순위설정일과 임차인의 전입신고날짜를 비교하여 임차인의 날짜가 빠

르면 선순위가 되고, 늦으면 후순위세입자가 됩니다. 이를 통해 권리를 이어받는지 대항력 여부를 판단하게 됩니다. 그리고 임차인의 배당요구여부도 확인합니다.

④ 비고란 확인

비고란 부분의 내용은 권리분석에서 매우 중요한 내용일 가능성이 큽니다. 이 부분까지 꼼꼼하게 살펴봐야 합니다. 자세한 내용은 추후 4주차에서 다루도록 하겠습니다.

매각물건명세서는 경매에서 가장 중요한 내용이 담긴 서류로 만약 이를 믿고 낙찰을 받았는데, 이 매각물건명세서에 정보가 잘못 기재되어 있었다면 낙찰자는 매각불허가 신청을 통해 낙찰을 취소하고 입찰보증금도 돌려받을 수 있습니다. 내용의 오류에 대해서 국가에서도 책임을 지는 것입니다. 그만큼 이 서류는 공적서류로서 매우 중요한 공신력을 가집니다. 그러므로 입찰자는 우선 이를 신뢰하고 입찰을 준비하면 됩니다. 다만, 유료경매사이트의 경우 법원이 제공하는 자료를 토대로 서비스를 제공하기 때문에 변경된 내용이 늦게 반영될 수 있습니다. 이때 유료경매사이트의 경우에는 책임을 지지 않습니다. 그렇기 때문에 경매 입찰을 할 때에는 반드시 입찰 당일, 법원경매정보사이트에 들어가서 매각물건명세서의 변동 사항이 없는지 다시 확인해야 합니다.

왕초보도 할 수 있는
법원 입찰

앞에서 평범한 물건이 어떻게 경매에 나오게 되는지 살펴보았습니다.
이제 입찰자의 입장에서 경매에 나온 물건을 사려면 어떤 과정을 거쳐
야 하는지 설명해 드릴게요.

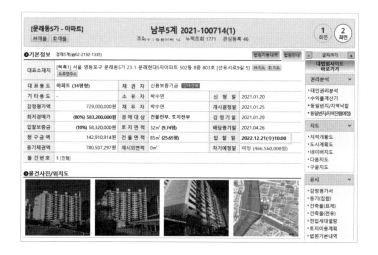

경매사이트에서 입찰예정일을 확인하고, 어느 법원에서 경매가 진행되는지 알아봅니다. 위 사례의 경우 '남부5계'라고 적혀 있는 것으로 보아 남부지방법원의 경매5계에서 진행된다고 알 수 있습니다. 법원안내를 클릭하면 찾아가는 길, 전화번호 등이 자세히 안내되어 있습니다.

입찰보증금은 간편하게 수표 한 장으로 끝내기

입찰자가 입찰을 할 때 챙겨가야 할 것은 '신분증과 도장, 입찰보증금'입니다. 입찰보증금은 최저경매가의 10%인데(재매각일 경우 20%), 보통은 전날 수표로 한 장 발급해서 준비해 둡니다. 미리 준비를 하지 못했을 경우 해당 법원에도 은행이 있으니, 조금 일찍 방문해서 수표 발급을 할 수 있습니다. 이때에는 입찰하려는 법원에 어떤 은행이 있는지 미리 확인해서 이체 한도나 수표 발급의 문제가 없는지 확인하길 바랍니다.

입찰자 본인이 당일 시간이 여의치 않다면 대리인을 통해 입찰할 수도 있습니다. 대리인이 입찰할 경우에는 대리인 본인의 신분증과 도장을 준비하고, 입찰자의 인감이 날인된 위임장과 인감도장, 6개월 내에 발급받은 인감증명서를 준비합니다.

법인의 경우도 위처럼 이해해 보세요. 법인의 대표가 입찰할 시에는 대표의 신분증, 법인인감, 3개월 이내에 제출용으로 뽑은 법인등기부등본과 입찰보증금이 필요합니다. 법인의 대리인이 입찰할 때 역시 대리인의 신분증과 도장, 위임장이 추가로 필요합니다. 아래에 자세히 정리해 두겠습니다.

POINT

입찰 준비물

- **본인 입찰**: 신분증, 도장, 입찰보증금
- **대리인 입찰**: 대리인의 신분증, 대리인도장, 입찰보증금, 인감 날인된 위임장, 본인 인감, 본인인감증명서(6개월 내 발급)
- **법인 대표 입찰**: 대표의 신분증, 법인인감, 법인등기부등본(3개월 이내, 제출용), 입찰보증금
- **법인 대리인 입찰**: 대리인의 신분증, 법인인감도장과 대리인의 도장, 입찰보증금, 법인인감증명서, 인감날인된 위임장, 법인등기부등본

입찰 시작 시간은 법원마다 다르다

    준비물을 잘 챙겨서 법원 입찰 마감 시간 안에 입찰을 해야 합니다. 법원 입찰 시작 시간과 마감 시간은 법원마다 약간 차이가 있습니다. 보통 오전 10시 ~10시 30분에 시작되어서 오전 11시~낮 12시에 마감되지만, 정확한 입찰 시간은 법원경매정보사이트와 유료경매사이트에서 입찰하려는 물건의 기본정보를 보고 확인하면 됩니다. 이때 입찰 당일에 해당 사건이 예정대로 진행되는지 확인해야 합니다. 전날 경매기 취소되거나 일정이 연기될 수도 있기 때문에 헛걸음하지 않도록 주의하시기 바랍니다.

법원경매사이트

유료경매사이트

경매가 진행될 때에는 주차장이 만차가 되는 경우가 많습니다. 입찰 시간에 딱 맞춰 도착하면 주차하는 데에 예상보다 시간 소요가 많이 되고, 당황스러운 상황을 마주할 수도 있습니다. 이왕이면 대중교통을 이용하거나, 미리 법원 부근의 주차장을 알아 두고 여유롭게 도착하길 추천합니다. 긴장되는 입찰을 앞두고 돌발 상황까지 마주한다면 멘털 관리가 어려울 수 있으니까요.

준비물을 잘 챙겨 법원에 도착을 했다면 다시 한번 내가 오늘 입찰할 물건이 제대로 진행되는지 확인해야 합니다. 입찰게시판에 금일 진행되는 물건에 대한 표가 붙어 있으니, 이를 확인합니다. 취하나 변경, 일정이 연기된 건은 표시가 되어 있습니다.

내가 입찰하기로 한 물건이 오늘 정상적으로 진행되는 것을 확인한 후, 물건 관련 서류를 다시 한번 확인해 봅니다. 법정 앞에 놓여 있는 컴퓨터를 사용하여 확인할 수 있습니다. 이때에는 평소에 이용하던 유료경매사이트가 아닌 법원경매정보사이트를 들어가 해당 사건번호의 매각물건명세서 등 관련 서류를 살펴봅니다. 법원경매정보사이트에서 변동 사항이 있는데 혹시 유료경매사이트에서 이를 반영하지 못했거나, 정보 기입의 오류가 있을 수 있기 때문입니다. 혹시 변동 사항이 있거나, 내가 몰랐던 내용이 있다 해도 유료경매사이트에는 책임이 없기 때문에 항상 최종적으로는 법원경매정보사이트의 자료로 확인하는 습관을 길러야 합니다. 새로운 변동 사항이 없다면 이제 드디어 입찰을 하러 갑니다.

법정 안에서 개찰시간, 마감시간을 고지하는 집행관의 안내가 들려옵니다. 이제 입찰을 할 사람들은 법정 맨 앞으로 가서 ① 기일입찰표, ② 매수신청보증금봉투, ③ 입찰봉투를 받습니다.

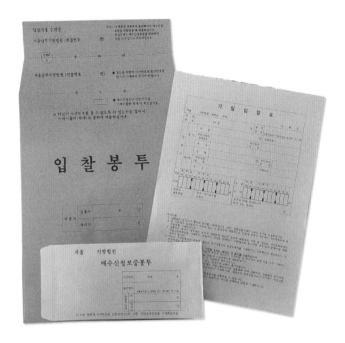

입찰에 필요한 네 가지

경매에 입찰하기 위해서는 기일입찰표, 매수신청보증봉투, 입찰봉투를 각
각 작성하고, 입찰보증금과 함께 제출해야 합니다.

기일입찰표

기일입찰표부터 작성합니다. 입찰표의 모습은 다음과 같습니다.

(앞면)

기 일 입 찰 표

지방법원 집행관 귀하   입찰기일 :   년   월   일

사 건 번 호		타 경 호		물건 번호	※물건번호가 여러개 있는 경우에는 꼭 기재

입 찰 자	본인	성 명		㉘	전화 번호	
		주민(사업자) 등록번호			법인등록 번 호	
		주 소				
	대리인	성 명		㉘	본인과의 관 계	
		주민등록 번 호			전화번호	-
		주 소				

입찰 가격	천 억	백 억	십 억	천 만	백 만	십 만	천	백	십	일	원	보증 금액	백 억	십 억	천 억	백 만	십 만	천 만	천	백	십	일	원

보증의 제공방법	□ 현금·자기앞수표 □ 보증서	보증을 반환 받았습니다. 입찰자 ㉘

주의사항.
1. 입찰표는 물건마다 별도의 용지를 사용하십시오. 다만, 일괄입찰시에는 1매의 용지를 사용하십시오.
2. 한 사건에서 입찰물건이 여러개 있고 그 물건들이 개별적으로 입찰에 부쳐진 경우에는 사건번호외에 물건번호를 기재하십시오.
3. 입찰자가 법인인 경우에는 본인의 성명란에 법인의 명칭과 대표자의 지위 및 성명을, 주민등록란에는 입찰자가 개인인 경우에는 주민등록번호를, 법인인 경우에는 사업자등록번호를 기재하고, 대표자의 자격을 증명하는 서면(법인의 등기사항증명서)을 제출하여야 합니다.
4. 주소는 주민등록상의 주소를, 법인은 등기부상의 본점소재지를 기재하시고, 신분확인상 필요하오나 주민등록증을 꼭 지참하십시오.
5. **입찰가격은 수정할 수 없으므로, 수정을 요하는 때에는 새 용지를 사용하십시오.**
6. 대리인이 입찰하는 때에는 입찰자란에 본인과 대리인의 인적사항 및 본인과의 관계 등을 모두 기재하는 외에 본인의 위임장(입찰표 뒷면을 사용)과 인감증명을 제출하십시오.
7. 위임장, 인감증명 및 자격증명서는 이 입찰표에 첨부하십시오.
8. 일단 제출된 입찰표는 취소, 변경이나 교환이 불가능합니다.
9. 공동으로 입찰하는 경우에는 공동입찰신고서를 입찰표와 함께 제출하되, 입찰표의 본인란에는"별첨 공동입찰자목록 기재와 같음"이라고 기재한 다음, 입찰표와 공동입찰신고서 사이에는 공동입찰자 전원이 간인 하십시오.
10. 입찰자 본인 또는 대리인 누구나 보증을 반환 받을 수 있습니다.
11. 보증의 제공방법(현금·자기앞수표 또는 보증서)중 하나를 선택하여 ☑표를 기재하십시오.

(뒷면)

위 임 장

대리인	성 명			직업	
	주민등록번호		-	전화번호	
	주 소				

위 사람을 대리인으로 정하고 다음 사항을 위임함.

다 음

지방법원   타경   호 부동산

경매사건에 관한 입찰행위 일체

본인 1	성 명		(인감인)	직 업	
	주민등록번호	-		전 화 번 호	
	주 소				
본인 2	성 명		(인감인)	직 업	
	주민등록번호	-		전 화 번 호	
	주 소				
본인 3	성 명		(인감인)	직 업	
	주민등록번호	-		전 화 번 호	
	주 소				

* 본인의 인감 증명서 첨부
* 본인이 법인인 경우에는 주민등록번호란에 사업자등록번호를 기재

지방법원 귀중

먼저 사건번호를 적습니다. 물건번호가 있다면 물건번호란에 반드시 적어야 합니다. 물건번호가 있는데, 이를 적지 않으면 입찰은 무효가 됩니다. 이제 입찰자의 정보를 적습니다. 성명, 연락처, 주민등록번호를 적으면 되기 때문에

어렵지 않을 것입니다. 대리인이 갔을 경우 위임장도 채워 적습니다. 그리고 생각해 온 입찰가격을 적습니다. 금액이 크고, 수정이 안 되기 때문에 자릿수를 잘 확인해 주의해서 적어야 합니다. 종종 0 하나를 더 적어 실수로 낙찰받는 사례를 기사로 접합니다. 1억을 적어야 하는데, 10억을 적어 버렸다면 당연히 낙찰이 되고, 낙찰자는 10배의 금액으로 잔금을 치를 수는 없으니, 결국 대금 납부를 포기하게 됩니다. 이 경우 입찰보증금은 돌려주지 않기 때문에 비싼 공부를 한 셈이 됩니다.

틀렸다고 줄을 긋고 다시 쓰는 것은 당연히 불가하고, 0 위에 0을 더 얹어 8로 바꾸는 것(예: 120000000 → 128880000), 0을 썼다가 선을 그어 6으로 바꾸는 것처럼 살짝 수정하는 것도 안 됩니다. 낙찰을 받았는데 금액 수정이 문제가 되어 낙찰이 취소될 수 있으니, 숫자를 잘못 썼거나 금액을 바꾸고 싶다면 법정 앞으로 가서 새로 서류를 받아 다시 써야 합니다. 입찰보증금은 최저경매가의 10%의 금액을 적으면 됩니다. 내가 쓰는 입찰가의 10%가 아닌 최저경매가의 10%입니다(재매각 시 20 %). 끝으로 이름을 쓰고 도장을 찍으면 되겠습니다.

입찰표 작성이 너무 긴장돼서 손이 떨릴 것 같거나 실수가 생길까 걱정된다면 미리 입찰표를 출력해서 작성해 가도 됩니다. 법원경매정보사이트에서 '기일입찰표 및 위임장'을 출력 후 그 위에 손글씨를 미리 써서 준비해 가도 되고, 아예 컴퓨터로 입력해서 출력해도 괜찮습니다.

■ **작성예시**

<table>
<tr><td colspan="9">(앞면)</td></tr>
<tr><td colspan="5" style="text-align:center">**기 일 입 찰 표**</td></tr>
<tr><td colspan="3">인천지방법원 집행관 귀하</td><td colspan="2">입찰기일 : 2023년 1월 10일</td></tr>
</table>

사건번호	2023 타경 23456 호	물건번호	1 ※물건번호가 여러개 있는 경우에는 꼭 기재

입찰자	본인	성명	김부자		전화번호	02-○○○-△△△△
		주민(사업자)등록번호	820828-1234567	법인등록번호		
		주소	서울시 마포구			
	대리인	성명	나천재	본인과의 관계		지인
		주민등록번호	770218-2314987	전화번호		010-△△△△-○○○○
		주소				

입찰가격	천억	백억	십억	억	천만	백만	십만	만	천	백	십	일		보증금액	백억	십억	억	천만	백만	십만	만	천	백	십	일	
				7	7	7	0	0	0	0	0	0	원					7	2	0	0	0	0	0	0	원

보증의 제공방법	□ 현금 □자기앞수표 □ 보증서	보증을 반환 받았습니다. 입찰자 나천재

주의사항.

1. 입찰표는 물건마다 별도의 용지를 사용하십시오, 다만, 일괄입찰시에는 1매의 용지를 사용하십시오.
2. 한 사건에서 입찰물건이 여러개 있고 그 물건들이 개별적으로 입찰에 부쳐진 경우에는 사건번호외에 물건번호를 기재하십시오.
3. 입찰자가 법인인 경우에는 본인의 성명란에 법인의 명칭과 대표자의 지위 및 성명을, 주민등록란에는 입찰자가 개인인 경우에는 주민등록번호를, 법인인 경우에는 사업자등록번호를 기재하고, 대표자의 자격을 증명하는 서면(법인의 등기사항증명서)을 제출하여야 합니다.
4. 주소는 주민등록상의 주소를, 법인은 등기기록상의 본점소재지를 기재하시고, 신분확인상 필요하오니 주민등록증을 꼭 지참하십시오.
5. 입찰가격은 수정할 수 없으므로, 수정을 요하는 때에는 새 용지를 사용하십시오.
6. 대리인이 입찰하는 때에는 입찰자란에 본인과 대리인의 인적사항 및 본인과의 관계 등을 모두 기재하는 외에 본인의 위임장(입찰표 뒷면을 사용)과 인감증명을 제출하십시오.
7. 위임장, 인감증명 및 자격증명서는 이 입찰표에 첨부하십시오.
8. 일단 제출된 입찰표는 취소, 변경이나 교환이 불가능합니다.
9. 공동으로 입찰하는 경우에는 공동입찰신고서를 입찰표와 함께 제출하되, 입찰표의 본인란에는"별첨 공동입찰자목록 기재와 같음"이라고 기재한 다음, 입찰표와 공동입찰신고서 사이에는 공동입찰자 전원이 간인 하십시오.
10. 입찰자 본인 또는 대리인 누구나 보증을 반환 받을 수 있습니다.

매수신청보증봉투, 입찰보증금

입찰보증금으로 준비한 수표는 뒷면에 사건번호와 입찰자의 성명, 주민번호를 적어 매수신청보증봉투에 넣습니다. 마지막으로 봉투 앞면에 사건번호, 물건번호, 입찰자의 이름을 기입하고 도장을 찍습니다.

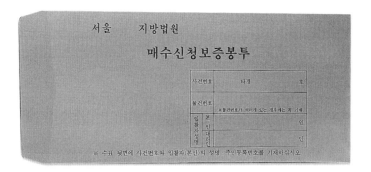

입찰봉투

이제 매수신청보증봉투와 입찰표를 함께 입찰봉투에 집어넣습니다.

입찰봉투에 제출자 이름과 사건번호, 물건번호를 쓰고 스테이플러를 사용해 봉하고, 도장을 찍는 부분에 날인합니다. 모두 봉투에 주의사항이 꼼꼼히 적혀 있기 때문에 봉투의 글을 읽어내려가면서 안내된 대로 진행하면 됩니다. 이제 봉한 입찰 봉투와 신분증을 준비해서 법정 앞에 나갑니다. 집행관이 신분증과 입찰봉투의 기입과 봉한 상태를 확인하고 날짜를 찍고, 날인후, 입찰봉투와 함께 봉투 상단의 일부를 잘라 줍니다. '입찰자용 수취증'인데, 이는 나중에 패찰 시 보증금봉투를

돌려받을 때 사용해야 하니 잘 보관해 두길 바랍니다. 이제 입찰봉투를 투표함 처럼 생긴 입찰함에 집어넣으면 입찰이 끝납니다.

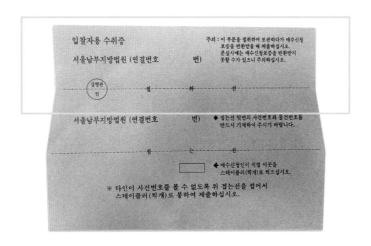

입찰하면 봉투 상단의 '입찰자용 수취증'을 잘라 준다.

2등도 낙찰을 받을 수 있다

사람들의 눈치작전으로 분주한 입찰표 쓰기가 끝나고, 집행관이 입찰마감을 알립니다. 집행관들이 입찰함의 입찰봉투들을 꺼내 사건별로 분류하고, 최고가매수인을 선별합니다. 보통은 사건 번호 순서대로 발표하지만, 때때로 장내의 혼잡도를 줄이기 위해 입찰경쟁이 치열한 사건부터 발표하기도 합니다. 정리가 다 끝나면 이제 발표를 합니다. 사건번호를 부르고, 입찰자들을 앞으로 불러 냅니다. 그리고 최고가매수인의 이름과 금액을 호명합니다.

최고가매수신고인이 호명된 후, 차순위매수신고를 할 것인지 묻습니다. 차순위매수신고란 만약 낙찰자가 잔금을 내지 못하는 상황이 발생되면 자신의 매각을 허가해 달라는 신고입니다. 2등만 신고할 수 있는 것은 아니고, 2등이 신고하지 않는다면 3번째, 4번째로 높게 입찰금액을 쓴 사람도 신고할 수 있습니다. 이때 차순위매수신고인의 입찰보증금 역시 잔금일까지 법원에 맡겨집니다. 돈이 오래 묶이기 때문에 이 역시 신중하게 결정해야 합니다. 단, 여기에서 조건이 있습니다. 단 한 명만 신고할 수 있고, 차순위매수신고인의 입찰가가 금번 최고가 낙찰가에서 입찰보증금을 뺀 금액 이상이어야 합니다.

간단한 예를 들어 설명드리겠습니다. 감정가 1억 원짜리 물건의 경매에서 실수로 0을 하나 더 쓴 사람이 있어서 9억 5,000만 원을 낙찰가로 쓴 사람이 낙찰자가 되었다고 가정해 봅시다. 이 경우 낙찰자는 분명 잔금 납부를 하지 않을 것입니다. 1억 원짜리를 9억 5,000만 원에 살 수는 없으니, 보증금을 포기하는 선택을 하겠지요. 이 사건의 2등은 1억 원을 쓴 사람이었는데, 낙찰자는 분명 잔금을 내지 않을 것이 확실해 보이기에 차순위매수신고를 하려고 합니다. 하지만, 금번 최고가는 9억 5,000만 원입니다. 이 때문에 9억 5,000만 원(최고가 낙찰가)-1,000만 원(입찰보증금)=9억 4,000만 원 이상을 쓴 사람만 차순위매수신고를 할 수 있고, 따라서 이 경우에는 차순위매수신고를 할 수 있는 사람은 아무도 없을 것입니다. 결국 잔금 납부가 안 되면 재경매에 들어가게 될 것입니다. 이런 규정은 법원 입장에서 최고가와 차이가 너무 큰 차순위에게 물건을 줄 수 없다는 의지로 보입니다.

최고가매수신고인, 차순위매수신고인이 결정되면 매각기일의 종결을 고지하고 패찰인들에게는 입찰자용 수취증을 확인하여 입찰보증금봉투를 돌려줍니다. 그리고 '최고가매수인', 즉 낙찰자는 영수증을 받게 됩니다.

이 영수증은 입찰보증금을 법원이 보관하고 있다는 뜻입니다. 경매를 하는 사람들이 가장 받고 싶어하는 종이지요. 낙찰자가 돼서 법정을 나오면 대출 영업을 하시는 분들이 대기하고 있다가 대출상담명함 꾸러미를 줄 것입니다. 이를 받아 뿌듯한 마음으로 법원을 빠져나오면 됩니다.

이제 대출도 실행해야 하고, 명도도 해야 하고, 아직도 갈 길이 멀지만, 나의 부동산을 원하는 가격에 매매했다는 사실에 엄청나게 뿌듯한 기분일 것입니다. 포기하지 않는다면 결국엔 낙찰 순간을 만나게 될 것입니다.

법원에서 받은 대출상담사 명함

낙찰 후 1주일이
물건의 생명을 정한다

낙찰자도 정당한 이의신청의 권리가 있다

경매 순서와 절차 및 소요시간

낙찰자가 나왔다고 해서 경매가 바로 끝나는 것은 아닙니다. 보통 낙찰 후

6주 만에 마스터하는 친절한 부동산 경매 과외

1주일이 지나 매각결정이 떨어지는데, 이 기간 동안 최고가매수인이 정해지는 데에 문제는 없었는지, 매각 절차상 하자는 없는지 자격심사를 거칩니다. 낙찰자 역시 본 사건 낙찰에 대해 이의 신청을 할 수 있습니다. 저는 낙찰을 받고 물건지에 가 보니, 서류상에는 없었던 사람이 며칠 전 이사를 와서 살고 있었던 황당한 경험을 한 적이 있습니다. 미분양이 난 아파트였는데, 돈 대신 대물로 아파트를 받은 회사가 복지 차원에서 직원에게 저렴하게 집을 빌려줬었던 상태였습니다.

그 직원은 회사에서 빌려준 것이니, 회사를 믿고 이사를 온 것이라 경매에 대한 내용은 전혀 모르고 있었고, 권리상으로는 낙찰자의 요구를 통해 바로 집을 비워 줘야 하는 상태였습니다. 상대의 사정도 딱하고 개인적인 자금 운영 사정도 있어서 낙찰을 포기하기로 결정하고, 서류상에 없었던 사람이 존재한다는 이유로 이의신청을 해서 낙찰을 취소하고 보증금을 돌려받은 적이 있었습니다.

제삼자가 가져간 종로구 호텔

종로 중심 자리에 위치한 30년 된 호텔이 경매에 나온 적이 있었습니다. 워낙 좋은 위치에 희소가치가 있는 물건이다 보니, 적지 않은 감정가의 물건임에도 4명이 경쟁을 붙어 결국 감정가의 121% 금액으로 낙찰되었습니다. 최고가 매수인은 2등과 근소한 차이로 이긴 것이라 엄청 기뻐했을 것 같습니다. 그런데 기쁨도 잠시, 1주일 후 매각불허가결정이 떨어집니다.

금액도 작은 물건이 아닌 데다가 희소가치가 있는 경매물건을 근소한 차이로 낙찰받은 상황이기 때문에 낙찰자가 변심을 했거나, 자금계획이 어려워졌거나 하는 경우는 분명 아닐 것이라 생각했어요. 궁금함을 이기지 못하고 해당 경매계에 전화를 해서 문의를 해 보았습니다. 경매계 쪽에서 말하길 경매가 취하되었다고 합니다. 예상컨대 다른 누군가가 채무자(건물주)에게 자신이 채권자의 대출을 정리할 테니, 자신에게 팔라고 제안했던 것 같습니다. 물론 제안

금액은 금번 낙찰가보다 더 좋은 조건이었겠지요. 그렇게 낙찰자의 물건을 중간에 누군가 가져가 버린 것입니다. 너무 좋은 물건이다 보니, 낙찰이 된 후임에도 다시 기회를 만들어서 물건을 가져간 것으로 보입니다.

잔금 납부는 언제까지 하면 될까

매각허가가 떨어지면 이해관계인의 항고기간을 거쳐 매각허가결정이 떨어집니다. 매각허가결정이 나고 대금납부기한이 정해집니다. 매수인은 '대금기한지급통지서'를 받게 되고, 그날까지 잔금을 준비해서 납부해야 합니다. 낙찰 후 대략 6주 정도 후에 잔금을 내야 한다고 기억해 두면 되겠습니다.

■ 대금기한지급통지서(예시)

서울서부지방법원
대금지급기한통지서

사 건   2022타경0000 부동산 임의경매

채 권 자   서울서부새마을금고

채 무 자   OOO

소 유 자   채무자와 같음

매 수 인   xxx

매 각 대 금   123,000,000원정

대금지급기한 2023. 2. 27.

위와 같이 대금지급기한이 정하여졌으니 매수인께서는 위 지급기한까지 이 법원에 출석하시어 매각대금을 납부하시기 바랍니다.

2023. 1. 30.

소유권이전등기촉탁

낙찰자(최고가매수인)는 대금지급기한통지서에 적혀 있는 마감기일 전에 입찰가를 제외한 매각대금을 납부해야 합니다. 법원 경매로 부동산을 낙찰받은 경우 납부 절차와 소유권이전등기촉탁 과정은 다음과 같습니다. 해당 법원 경매계로 가서 사건번호와 신분증을 제출하면 '법원보관금 납부 명령서'를 받게 됩니다. 이를 갖고 은행(보통 법원 1층에 위치)에 가서 납부 명령서와 잔금을 납입하면 '매각대금 완납 증명서'를 발급해 줍니다. 매각허가결정문, 매각대금 완납 증명서와 기타 서류(취득세, 등록면허세, 등기신청 수수료 영수필증 등)를 갖고 소유권이전등기촉탁 신청서를 작성하여 해당 법원 경매계에 제출하면 됩니다.

'촉탁'이란 다른 사람에게 일처리를 부탁하는 것을 말합니다. 즉, 원래 소유권이전등기를 하기 위해서는 등기소에 방문해야 하는데, 경매가 진행되는 법원에서 소유권이전등기를 대신 처리해 주는 것입니다. 그래서 소유권이전등기가 아닌 소유권이전등기 '촉탁'을 한다고 말하는 것입니다. 이런 절차를 거쳐 드디어 낙찰받은 부동산이 자신의 소유가 됩니다.

이 과정은 물론 스스로 할 수 있지만, 이왕이면 법무사에게 의뢰할 것을 추천합니다. 절차와 서류가 복잡하고, 여러 장소를 다녀야 하기 때문에 시간과 노동력이 많이 소요되는 과정이기 때문입니다. 게다가 실수라도 하게 되면 큰일이니까요. 법무사 비용을 아까워하지 마세요. 일정 비용을 추가로 지불하더라도 나의 시간을 절약하고, 업무가 정확히 처리되는 것이 낫습니다. 이런 비용이 아까워서 직접 시도해 보다가 금액이 충분히 합당한 것이었구나 하고 깨닫는 경우를 참 많이 보았습니다.

법무사는 소유권이전등기촉탁을 하면서 보통 인도명령신청도 함께 합니다. 해당 부동산에 점유자를 내보내는 일이지요. 인도명령제도에 대해서는 추후 명도 파트에서 다시 자세히 다뤄 보도록 하겠습니다. 여기에서는 소유권이전등기촉탁을 하면서 동시에 인도명령신청까지 한다고 기억해 두시길 바랍니다.

3주차

6주 만에 마스터하는
친절한 부동산 경매 과외

돈이 될 물건만
골라 사는
사람들의 비밀

법원 현장에서 나보다 높게 낙찰을 받아 가는 사람들을 보면 '저 사람은 내가 못 본 무엇인가를 발견한 사람이구나!'라는 생각이 듭니다. 꽤 복잡한 권리관계가 있는 물건임에도 높은 경쟁률을 기록하는 물건들을 볼 때면 사람들이 얼마나 많은 것을 공부하고 노력하고 있는지 느껴져 절로 긴장하게 됩니다. 그래서 경매를 하는 사람들은 항상 부지런해야 하고, 겸손해야 한다고 생각합니다. 내가 다 알고 있다고 자만하다가는 수익을 낼 수 있는 기회를 놓칠 수 있습니다.

집에서 간편하게
최신 정보 확인하자

무료경매사이트 vs. 유료경매사이트

무료경매사이트

경매 절차에서도 보셨다시피 경매가 결정이 되면 대한민국법원 법원경매 정보 사이트에서 물건 확인이 가능합니다. 정부기관이 운영하는 공신력 있는 사이트로, 우리나라의 모든 경매공고는 여기에서 시작됩니다. 누구나 무료로 정보를 확인할 수 있습니다.

전면 창에서 부동산의 주소나 법원별로도 검색이 가능합니다. 일단 여러분이 사는 동네 주소를 입력해 보세요. 그럼 현재 진행되고 있는 경매사건들이 보일 겁니다. 하나를 클릭해서 자세히 볼까요?

먼저 사건번호가 보입니다. 2021타경15972라고 적혀 있습니다. 사건번호는 해당연도, 사건부호 및 접수번호로 구성되어 있습니다. 그 옆에는 물건번호가 보입니다. 물건번호는 한 개의 사건번호를 가지고 있지만, 물건이 여러 개인 경우 부여되는 일련번호입니다. 입찰표를 작성할 때 반드시 물건번호를 기재해야 합니다. 물건번호를 기재하지 않은 경우 입찰이 무효가 됩니다.

물건기본정보에서는 아파트, 다세대, 상가 등의 물건종류를 확인할 수 있습니다. 감정평가액과, 금번 입찰에서 쓸 수 있는 가장 낮은 가격인 최저매각가격도 나와 있습니다. 유찰이 될 때마다 최저매각가격은 낮아집니다. 매각기일에는 언제, 어디에서 입찰이 진행되는지 나와 있고요. 건물의 주소와 사진도 확인하실 수 있습니다.

또한 경매에서 가장 중요한 서류라고 할 수 있는 매각물건명세서와 현황조사서, 감정평가서 서류를 클릭해서 자세히 살펴볼 수 있습니다.

매각물건명세서

경매에 나온 물건의 정보가 정리되어 있는 문서입니다. 해당 물건에 어떤 권리들이 설정되어 있는지, 임차인은 누구인지, 보증금은 얼마인지 등이 자세하게 나와 있습니다. 권리분석을 할 때 가장 많이 보게 되는 문서입니다.

현황조사서

집행관이 경매개시결정이 떨어진 후 경매물건지에 가서 현재 상황, 점유자, 임차현황 등을 조사하여 적은 내용입니다. 만약 문이 닫혀 있었고, 사람을 만나지 못한 경우 '폐문부재'로 적혀 있습니다.

감정평가서

해당 물건의 경제적 가치를 평가하고, 그 결과와 이유를 적어 둔 문서입니다.

그 외 등기부등본 내용과 기일내역 등을 확인할 수 있습니다. 처음엔 용어도 낯설고, 화면도 생소하지만, 계속 반복해서 보다 보면 중요 내용이 눈에 들어오고, 물건 검색하는 속도도 빨라지니, 결국 반복 열람이 답입니다.

유료경매사이트

대법원경매정보 사이트에서 무료로 정보를 제공하고 있지만, 경매를 하는 사람들은 대부분 유료경매사이트를 이용합니다. 태인, 지지옥션, 탱크옥션, 옥션원(구 굿옥션), 스피드옥션 등 여러 유료경매사이트가 있고, 연 이용료는 몇십만 원에서 백만 원이 넘는 금액까지 다양합니다. 이렇게 적지 않은 돈을 내고 유료경매사이트를 이용하는 이유는 경매물건을 검색하고 자료를 얻기 편리하기 때문입니다. 인터페이스가 법원경매정보사이트에 비해 보기 좋게 되어 있고, 사건별로 등기부등본 등의 여러 자료들도 즉시 확인이 가능해서 편리합니다.

법원경매정보 사이트의 경우 권리관계를 확인하는 가장 기본이 되는 서류인 등기부등본을 인터넷등기소에 가서 건별로 비용을 내고 발급해야 하는 번거로움이 있지만 유료경매사이트에서는 바로 확인할 수 있고, 여러 권리관계, 현황, 코멘트까지 더해서 물건을 분석하는 시간을 절약해 줍니다. 예상배당표까지 나와 있어서 내가 한 권리분석이 맞는지 확인할 수 있고, 과거 낙찰률, 부근 낙찰사건 등 입찰가를 산정하는 데 도움이 되는 여러 자료들도 제공합니다. 특히 주의해야 하는 사항에 대해 입찰자에게 강조해서 표시해 주고, 네이버 부동산이나 카카오 맵 같은 유용한 사이트도 바로 연동되어 있어서 경매를 하는 사람들에게는 필수라고 할 수 있습니다. 이용료가 싸지는 않지만, 경매를 통한 기대수익률이 높기 때문에 경매를 하기로 마음먹었다면 유료경매사이트를 추천합니다.

유료경매사이트 모습. 한눈에 보기 편하게 정보가 정리되어 있고, 옆으로 여러 자료와 링크들이 연동되어 있어서 시간이 절약된다.

POINT

물건 검색을 도와주는 경매사이트

- 법원경매정보 https://www.courtauction.go.kr
- 태인경매정보 http://www.taein.co.kr
- 지지옥션 https://www.ggi.co.kr
- 탱크옥션 https://www.tankauction.com
- 옥션원(구 굿옥션) https://www.auction1.co.kr
- 스피드옥션 https://www.speedauction.co.kr

경매를 통해 이루고 싶은 목표가 무엇인가요? 내 집 마련? 부수입 창출? 목표가 무엇이든, 가장 먼저 해야 할 것은 물건 검색입니다. 내게 맞는 물건을 판단하는 기준은 어떤 것들이 있을지, 내게 맞는 물건은 어떻게 찾을 수 있는지, 입찰을 결정할 때 중요한 요소들은 무엇인지 알아보도록 하겠습니다.

물건 검색의 다양한 기준

하루에도 몇백 건의 물건이 경매 시장에 나옵니다. 그중에서 내 목표를 이루어 줄 물건을 빠르게 알아보고, 권리분석을 해야 조금이라도 여유롭게 입찰준비가 가능할 것입니다. 경매 물건은 법원경매사이트와 유료경매사이트에서 검색할 수 있는데요, 법원경매사이트는 무료라는 장점이 있지만, 물건 검색 조건이 한정적이라는 단점이 있습니다. 물건 검색은 유료경매사이트를 이용하는 것이 훨씬 편리하므로 법원경매사이트와 유료경매사이트를 병행하여 이용하는 것을 추천드립니다.

내가 원하는 것이 내 집 마련인지, 수익형 부동산인지, 그렇다면 주택인지 상가인지를 먼저 결정해야 합니다. 내 집 마련을 목적으로 하는 경우 아파트 위주로, 매달 들어오는 월세로 부수입을 창출하고자 한다면 아파트는 물론이고 다세대주택, 오피스텔, 원룸, 상가까지로 범위를 넓힐 수 있겠습니다. 자신이 원하는 물건의 종류와 지역, 내가 원하는 평수 등 조건을 바꿔 가며 여러 방법들로 물건을 찾아보세요. 점차 경매의 경험과 실력이 늘어난다면 조금 더 세분화시켜 검색해 볼 수 있습니다.

그 다음 기준은 금액일 것입니다. 물건의 종류별로 대출가능액이 달라지기 때문에 (일반적으로 주택이 대출한도가 적고, 상가 같은 상업시설의 대출한도가 더 많습니다.) 이를 고려해서 내가 투자 가능한 금액과 대출을 받을 수 있는 금액을 더해 입찰 가능한 금액대를 선택, 검색합니다.

선순위임차인, 선순위전세권, 지분경매, 법정지상권, 유치권 등의 조건으로 검색할 수도 있습니다. 이런 내용이 얽혀 있는 물건들은 확실히 경쟁률이 적습니다. 이런 물건들을 특수물건이라고 하는데, 특수물건 공부를 통해 더 큰 수익에도 도전할 수 있지만 처음 입문한 사람이라면 천천히 자신의 속도대로 안전하게 나아가길 추천합니다.

결국 경매의 기본은 검색입니다. 내게 맞는 물건들을 잘 추릴 수 있는 능력이 시간을 절약하고 효율적으로 경매에 임할 수 있는 비결입니다. 이를 키우기 위해서는 시간을 들여 반복적으로 검색해 보는 수밖에 없습니다. 이렇게 하다 보면 내가 끌리는 물건들이 무엇인지 점차 추려질 것입니다. 낙찰받는 것을 상상해 보는 것만으로 너무 가슴이 뛰는 그런 물건들 말입니다. 이렇게 원하는 물건을 추리고 자료를 보며 권리분석하는 것만으로도 시간이 꽤 많이 소요됩니다. 권리분석을 해 보니, 내가 도전할 수 있는 물건이라는 확신이 든다면 이제 손품을 팔 차례입니다.

물건 검색의 시작은 온라인에서부터

부동산업계에도 빅데이터가 눈부시게 활약하고 있습니다. 예전에는 접하기조차 어려웠던 정보들을 이제는 너무 쉽게 얻을 수 있게 되었습니다. 이젠 손품만으로도 엄청난 정보력을 갖출 수 있게 되어서 그만큼 경매의 임장단계가 많이 수월해졌다는 생각이 듭니다.

그럼 온라인에서 정보를 얻는 과정을 살펴볼까요? 먼저 유료경매사이트에 나와 있는 정보부터 최대한 꼼꼼하게 살펴봅니다. 물건 내용과 사진, 매각물건 명세서와 등기부등본, 현황조사서, 감정평가서, 건축물대장, 물건송달내역란이 주로 클릭하게 되는 카테고리입니다. 입찰가를 고민할 때에는 이전의 낙찰

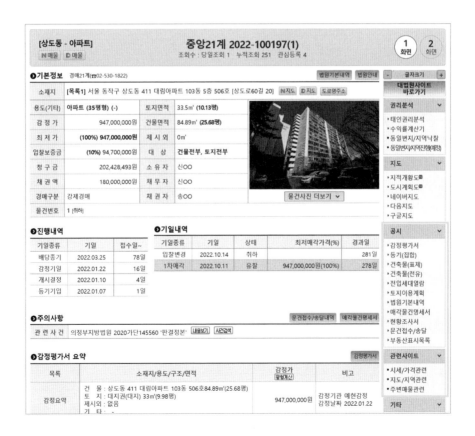

가도 클릭해서 참고합니다. 이렇듯 이 사이트 안에서만 엄청난 자료들을 제공하고 있습니다. 이곳에서 필요한 기본적인 내용을 얻은 다음 유료경매사이트에서 제공하는 다양한 자료를 통해 추가 정보들을 얻습니다.

시세·가격 관련, 지도·지역 관련, 주변 매물 관련하여 참고할 만한 사이트들은 다음과 같습니다.

시세·가격 관련 사이트

KB아파트시세 **https://kbland.kr**

국토교통부 실거래가 공개시스템(매매, 전월세) **http://rt.molit.go.kr**

전국 부동산정보조회 시스템(개별공시지가)

- 서울 http://kras.seoul.go.kr
- 부산 http://kras.busan.go.kr
- 대구 http://kras.daegu.go.kr
- 인천 http://kras.incheon.go.kr
- 광주 http://kras.gwangju.go.kr
- 대전 http://kras.deajeon.go.kr
- 울산 http://kras.ulsan.go.kr
- 세종 http://kras.sejong.go.kr
- 경기 http://kras.gg.go.kr
- 강원 http://kras.gwd.go.kr
- 충북 http://kras.chungbuk.go.kr
- 충남 http://kras.chungnam.go.kr
- 전북 http://kras.jeonbuk.go.kr
- 전남 http://kras.jeonnam.go.kr
- 경북 http://kras.gb.go.kr
- 경남 http://kras.gyeongnam.go.kr
- 제주 http://kras.jeju.go.kr

지도·지역 관련 사이트

한국토지주택공사 씨리얼 지도(구 온나라지도) **https://seereal.lh.or.kr**

카카오맵(주변 중개업소 소개) **https://map.kakao.com**

→ '지역명+부동산'으로 검색

주변 매물 관련 사이트

네이버 부동산 **https://new.land.naver.com**

다음 부동산 **https://realty.daum.net**

입지의 디테일을 분석하라

부동산에서 입지는 가장 중요한 요소라 할 수 있습니다. 유료경매사이트에는 지도가 탑재되어 있으니, 이를 통해 입지와 주변 환경을 살펴봅니다.

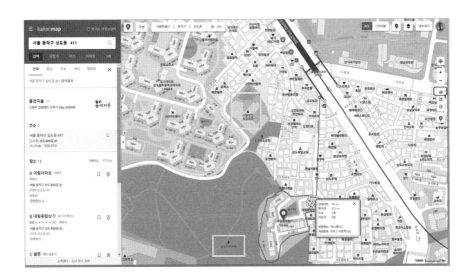

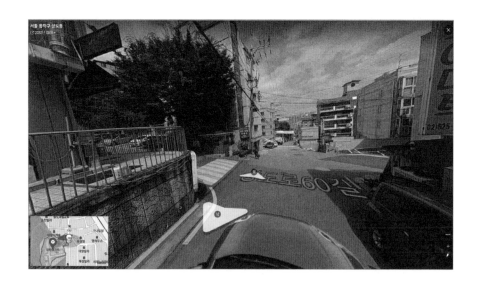

　카카오맵 우측의 자 모양을 클릭하면 거리를 측정할 수 있습니다. 85쪽의 물건은 역에서 도보 3분 거리의 역세권이고, 근처의 초등학교와 공원, 그리고 대단지 아파트가 눈에 띕니다. 아이를 키우기에 좋은 주거지역의 모습입니다. 아이가 있는 가정은 아이를 키우기 좋은 지역인지가 중요하기 때문에 학교와 가까운지, 학군과 학원가 등은 어떠한지를 살펴봅니다. 입찰하는 사람의 취향, 임차인의 특징, 지역의 특징에 따라 입지 분석은 굉장히 디테일해집니다. 실제로 임장을 왔는데, 너무 높은 경사로 때문에 입찰하지 않은 적도 있고, 인도가 없어 아이를 키우기 위험하다고 느껴 입찰을 포기한 적도 있습니다. 당시 아이가 어려 유모차를 끌고 다녔었는데, 이런 제 경험이 입지를 판단하는 데 반영된 것입니다.

　직장인들은 역세권, 교통이 좋은 곳에 대한 선호도가 높습니다. 하지만 역이 가깝다고 무조건 좋다고 판단하기보다, 중심업무지구와 연결되는지를 살펴보면 좋습니다. 서울과 수도권을 예를 들자면 상업시설이 모여 있는 종로, 여의도, 구로, 강남 등지와 얼마나 빠르고 편리하게 연결되는지가 중요합니다.

카카오맵 로드뷰를 통해 현장 모습을 생생하게 확인할 수도 있습니다. 역에서 가는 길, 버스정류장, 마트, 초등학교까지 걸어가면서 아이가 마주칠 주변 환경과 횡단보도 등을 실제 현장에 있는 듯 살펴볼 수 있지요. 카카오맵 로드뷰는 왼쪽 상단에서 촬영 날짜를 확인할 수 있는데, 과거 내역도 제공하기 때문에 변화된 모습도 볼 수 있고, 이를 통해 유치권의 발생 시점을 증명하는 증거자료로 쓰기도 하는 등 유용하게 활용할 수 있습니다.

정확한 시세는 실거래가에서 나온다

최대한 온라인으로 검색을 해서 자료를 수집해 보고, 온라인으로 확인이 불가한 임차인의 거주 여부, 건물 노후 상태, 사용편의 등의 사항은 따로 체크해 두고, 추후 현장 임장 시 확인해 보기로 합니다. 입지가 괜찮다고 판단이 된다면 시세를 확인해 봅니다. 국토교통부 실거래가 공개시스템(https://rt.molit.go.kr/)에서 해당 물건의 과거 실제 거래가를 확인합니다. 서울특별시 동작구 상도동의 대림아파트를 예시로 한번 살펴보도록 하겠습니다.

　예시의 물건을 검색하여 과거 실제 거래가를 확인해 보니, 2022년 8월에 11층이 8억 7,000만 원에 거래되었다는 사실을 확인할 수 있습니다. 기준 연도를 바꿔 가며 과거의 거래가도 확인해 봅니다. 네이버 부동산과 다음 부동산 검색을 통해 실제 나와 있는 매매호가와 전세가도 확인할 수 있습니다. 다만 호가가 실제 거래되는 정확한 시세는 아닐 수 있으니, 여러 물건과 상황, 현장 임장을 통해 정확한 시세를 파악하는 것이 필요합니다. 손품은 대략의 실제 시세와 추이를 확인하는 과정입니다.

손바닥 위에서 확인하는 생생 후기

　이 외에도 스마트폰에서 터치 하나만으로도 부동산 정보를 얻을 수 있습니다. 부동산 전문 어플리케이션들을 활용하는 것인데요. 호갱노노, 아실, 부동산지인, 밸류맵 등의 어플리케이션들을 활용해서 추가적인 정보를 얻습니다. 다양한 어플리케이션들은 각기 특성을 갖고 있기 때문에 자주 이용해 보면서 익혀 보길 바랍니다. 실제 시세변동이나 구조 등이 훨씬 보기 쉽게 되어 있기도 하고, 주변 호재, 규제, 관련 정책까지 제공해서 매우 유용하고 정보를 얻기에 너무 편리합니다. 참고로 호갱노노의 경우 커뮤니티도 활성화되어 있어서 현재 사는 사람들의 실제 이야기를 듣기도 좋습니다. 예시로 든 물건을 검색해 보니, 구축아파트임에도 불구하고, 주차장이 여유롭다는 장점을 알 수 있었네요.

 부동산 전문 어플리케이션이나 투자 정보 사이트가 아니더라도, 포털 사이트 검색을 통해 얻을 수 있는 정보들도 있습니다. 해당 아파트명을 검색하면 인테리어 회사에서 올린 내부 작업 블로그 포스팅을 볼 수도 있는데요, 경매의 경우 실제 물건의 내부를 확인하기 어려운 경우도 많은데 이런 글 덕분에 내부 구조, 연식 상태를 쉽게 확인할 수 있습니다. 해당 지역 입주민 카페, 맘 카페 커뮤니티도 잘 살펴보시면 도움이 됩니다. 가감 없는 실제 거주 경험, 지역에 대한 솔직한 의견들을 찾아볼 수 있기 때문입니다.

 이렇듯 손품만으로도 얻을 수 있는 정보가 정말 많아졌습니다. 웬만한 정보가 다 담겨 있기 때문에 실제 현장 임장을 갈 필요를 못 느낄 수도 있습니다.

실제 온라인 정보가 점점 막강해지면서 현장 임장을 줄이거나 생략하는 경우도 많이 생겨 나고 있지만, 그래도 저는 여전히 현장 임장의 중요성을 강조하고 싶습니다. 현장을 반드시 나가서 확인해야만 하는 물건도 있고, 현장에서만 얻을 수 있는 정보들이 있답니다. 손품과 발품(현장 임장)을 꼭 병행하길 추천합니다.

수익률을 높이고
리스크를 방어하는 현장 임장

　임장은 현장에 직접 가서 물건을 살펴보는 것을 말합니다. 온라인에서 미처 확인이 불가한 내용이나 점유자의 상황, 권리관계의 사실 여부 등 임장을 통해서만 알 수 있는 내용들도 많이 있습니다. 무엇보다 중요한 것은 온라인상에 가격 정보가 많이 나와 있지만, 실제 거래가와 호가 사이의 차이가 있기 때문에 '현재'의 정확한 시세를 파악하기 위해서도 임장은 매우 중요합니다. 임장을 갈 땐 편안한 운동화와 편안한 복장이 필수입니다. 겨울에는 야외에서 많이 걸을 것을 대비해서 따뜻하게 입어야 하고요. 물도 잘 챙겨야 합니다.

　이왕이면 대중교통을 직접 이용해 보며 실제 거리를 체감해 보는 것이 좋습니다. 해당 물건지까지 가는 길의 주변환경도 잘 살펴보고, 밤이 되었을 때 안전한 느낌인지도 체크해 보는 것입니다. 물건지에 도착하면 건물의 노후도, 관리 상태를 살펴봅니다. 해당 물건의 새시 상태로 인테리어 여부, 대략의 상태를 예상할 수도 있어요. 그럼 아파트와 빌라, 그리고 현장 확인으로 나눠서 임장 포인트를 설명하겠습니다.

새시를 보면 리모델링 비용이 보인다

아파트의 경우 동일 구조의 다른 세대도 있고, 과거 매매거래 내역도 있기 때문에 임장을 통한 정확한 시세 파악이 비교적 수월합니다. 아파트를 들어가면서 주변 환경 등의 외부 조건을 살펴보고, 아파트 내부 상태까지 상세하게 살펴봅니다. 연식이 오래된 아파트의 경우 인테리어를 했는지 안 했는지 창틀만 보더라도 알 수 있습니다. 오래된 검정 새시문들 사이로 새하얀 신식 새시가 보인다면 그 집은 내부 인테리어를 진행했을 가능성이 높지요. 내부 인테리어를 하지 않고, 새시만 했다고 하더라도 인테리어 총 비용에서 새시가 차지하는 비중이 가장 크기 때문에 추후 리모델링 시 비용을 많이 아낄 수 있습니다.

엘리베이터와 복도 등을 살펴보면서 아파트의 노후 정도와 관리 상태도 체크합니다. 그리고 관리사무소에 방문해 봅니다. 관리사무소는 이 아파트에 대해 가장 많은 정보를 갖고 있는 곳입니다. 몇 동 몇 호가 경매로 나와서 와 봤다고 말씀드리고, 관리인분께 여러 가지를 묻습니다. 체납관리비가 있는지, 있다면 정확히 얼마인지도 확인합니다. 관리비는 공용관리비(공동비용)와 전용관리비(수도, 전기, 가스 등)로 되어 있는데, 낙찰자는 미납된 관리비 중 최근 3년치 공용관리비만 납부 의무가 있습니다. 전용관리비 부분은 낙찰 후 각 담당기관*에 소유권의 변동사항을 제출하면 해

★
수도(121, 한국수자원공사), 전기(123, 한국전력공사), 가스(각 지역 도시가스 고객센터)

당 호수에 남아 있는 요금은 소멸됩니다. 이전 점유자 쪽으로 넘어가는 것이죠.

관리사무소 입장에서는 낙찰자가 새로운 집주인이 될 수도 있고, 밀린 관리비를 받는 것이 매우 중요한 사항이기 때문에 이런 문의에 대해 잘 답변해 주는 편입니다. 하지만 많은 사람들이 계속 반복된 질문을 한다면 관리사무소 입장에서 번거롭다는 생각이 들 수 있겠지요? 답변의 친절함도 달라질 것이고요. 그렇기 때문에 항상 임장은 빨리 가는 것이 좋습니다. 먼저 가서 먼저 묻고, 정보를 얻는 것이 유리합니다. 또 아파트의 편의사항도 질문합니다.

"선생님, 여기 주차는 여유 있나요? 주차하기는 편한가요? 따로 주차비가 있는지요? 쓰레기 배출 요일은 어떻게 되나요? 여기 살 때 또 알아야 하는 부분이 있을까요?" 등등 생활할 때 매우 중요한 내용들을 질문하면서 확인해 봅니다. 해당 호수에 관한 내용도 물어봅니다. 명도에 도움이 되는 정보를 얻을 수도 있습니다.

"선생님, ○동 ○호 살고 계신 분은 어떤 분이세요? 그 집은 문제 없나요? (누수 등) 내부 인테리어는 한 지 오래 됐나요?(수리 여부)" 이렇게 여러 가지를 물어보면 관리사무소에서 의외로 많은 정보를 알고 있다는 것을 알게 될 것입니다. 경매에 물건이 올라오고, 좀 늦게 임장을 갔거나, 유찰이 된 후 임장을 간 것이라면 자신처럼 이렇게 경매로 와서 문의한 다른 사람이 있었는지도 물어봅니다. 경쟁자 수를 예상해 보는 것이지요. 어떤 것을 물어봐야 한다는 정답은 없지만, 그동안 제가 아파트를 임장할 때 관리사무소에 물어보고, 입찰에 도움을 받았던 내용들입니다. 많은 정보를 얻어야 하는 입장인 만큼 애초에 방문할 때 피로회복제나 비타민 음료수, 또는 작은 선물을 사 들고 가는 것도 방법이고, 예의를 갖춰 질문하는 것이 중요합니다.

아파트 내부의 대략적인 조사를 마쳤으면 부동산중개사무소에 가서 정확한 시세를 파악합니다. 코로나 이후 많은 부동산에서 미리 예약을 해야 집을 보여주는 경우가 많아졌습니다. 중개사무소를 방문할 때는 경매 물건과 비슷한 평수나 구조인 매물을 선택해서 보러 갑니다. 대단지 아파트의 경우에는 매물이 많아 경매 물건과 같은 구조나 비슷한 층, 비슷한 평수의 물건을 볼 수 있는 확률이 높습니다.

중개사무소를 통하면 짧은 시간 안에 해당 지역의 핵심 정보들을 빠르게 안내받을 수 있다는 것이 가장 큰 장점입니다. 부동산을 두세 군데 들러 부동산 사장님의 브리핑을 추가하면 모호했던 시세가 훨씬 정확해질 것입니다. 경매 물건 때문에 왔다고 솔직하게 말하고 문의를 할 수도 있고, 일반 매매에 관심이 있어 방문한 것처럼 하는 방법도 있습니다. 다양한 방법을 융통성을 발휘해서 시도해 보세요. 경매에 나온 물건과 동일한 구조나 비슷한 층이 매물에 없을 경우 다른 물건을 보면서 이 아파트의 동별, 층별, 향별의 가격 차이가 얼마나 나는지 알아볼 수도 있습니다.

주변 다른 아파트와의 경쟁력도 파악해 봅니다. 이 지역에서 사람들이 가장 선호하는 아파트는 무엇이며 그 이유는 무엇인지 말이죠. 경매는 시세를 정확히 파악하고, 싸게 사는 것이 목표입니다. 만약 미래 시세가 높아질 것으로 예상하면 현 시세로 낙찰을 받아도 싸게 잘 받은 것이고, 감정가 대비 몇 퍼센트 싸게 낙찰받았는지보다 현재 시세(미래 시세는 예측)를 정확하게 파악해서 그에 비해 싸게 낙찰받는 것이 더 중요함을 기억하세요. 임장 후 입찰 여부와 대략적인 입찰가가 정해졌다면 성공한 임장이라고 할 수 있습니다.

빌라의 적정 가격은 어떻게 알 수 있을까

빌라는 아파트에 비해 임장 난이도가 있습니다. 단동인 경우가 많고, 거래량이 적어 정확한 시세를 파악하는 것이 더 어렵기 때문입니다. 하지만 아파트에 비해 감정가 대비 훨씬 더 낮게 낙찰을 받는 경우가 많기 때문에 수익률이 잘 나오는 편입니다. 임장 시 주변 환경을 꼼꼼히 살펴보고, 임차인에게 세를 줄 집이라면 임차인의 입장에서 살펴봐야 합니다. 주차는 편리한지, 주변 편의시설은 얼마나 있는지, 안전성도 체크합니다. 빌라의 관리 상태는 물건마다 격차가 큽니다. 오래된 빌라일 경우 건물 외관의 결로, 크랙, 누수 여부를 잘 파악해야 합니다. 내부 인테리어는 비용이 적게 드는 편이지만, 결로나 누수 등의 문제는 비용이 많이 들거나, 완벽하게 수리하기 어려울 수도 있기 때문에 이런 리스크를 꼼꼼히 임장을 통해 확인해야 합니다.

빌라 임장의 포인트는 세입자가 잘 들어오는지, 그리고 매도가 빨리 가능한지입니다. 빌라의 경우 아파트에 비해 환금성이 떨어지기 때문에 가격이 확실히 싸거나, 임차인이 선호하는 곳이라 임대수익률이 확실하거나 하는 장점이 있어야 합니다. 시세에 비해 많이 싸게 낙찰을 받았다면 싸게 매물로 내놓을 수 있기 때문에 빌라의 환금성을 일정 부분 보완할 수 있습니다.

빌라 임장 시 중개사무소 방문은 아파트보다 더 중요합니다. 아파트의 가격은 온라인상에서 쉽게 비교할 수 있지만, 빌라는 실거래가도 적을뿐더러 그 가격마저도 신뢰하기 어려운 경우가 많기 때문입니다. 빌라의 경우 해당 지역의 다른 빌라들과 입지, 준공 연도, 구조, 생활편의 등을 비교해 보면서 경매로 나온 해당 물건의 적정 가격을 판단하는 것을 추천합니다.

제 경우 경매로 나온 빌라의 전세가나 월세가를 확인하기 위해 비슷한 가격대의 빌라들을 임차인인 척하고 보러 갑니다. 경매물건 때문에 온 것을 전혀 알리지 않는 것이지요. 부동산 사장님이 추천하는 매물을 보며 추천하는 이유를 듣고, 전세가 또는 월세가 대비 물건별로 장단점을 파악해 봅니다. 경매에 나와 있는 해당 물건과 다른 빌라들을 자체적으로 비교해 보며 내가 임차인이라면 이 중 어떤 집을 어떤 이유로 선택할지 고민해 보는 것입니다. 그렇게 해당 지역의 몇 블럭에 퍼져 있는 여러 빌라 물건들을 보다 보면 해당 경매 빌라의 정확한 가격 포지션과 장단점을 정확하게 파악하기 쉽습니다. 빌라나 원룸, 오피스텔의 경우 세를 내거나 추후 매도를 준비해야 하기 때문에 임차인의 입장에서 가격과 장단점을 정확히 판단하는 것이 임장의 핵심 사항입니다. 임장을 가서 알게 된 정보는 사진과 글로 잘 기록해 두는 것이 좋습니다.

임차인이 실제 살고 있는지 어떻게 알 수 있을까

해당 물건지의 우편함에서 우편물을 통해 점유자의 이름을 확인합니다. 서류상 나와 있는 점유자가 실제로 살고 있는지 확인하는 것이지요. 때때로 권리상 임차인과 그의 의사를 확인할 필요가 있는데, 이때 현장에서 직접 임차인을 만나 확인해야 하는 경우도 있습니다. 미상임차인이라 예상이 되는 상황이어서 이에 대한 확인이 필요한 경우도 있을 수 있습니다.

대부분은 경매사이트에서 임대차 현황을 조사하고 이에 대한 내용을 제공하기 때문에 이를 통해 정보를 얻으면 되지만 때에 따라 직접 지역주민센터에 가서 전입세대열람을 해 볼 수도 있습니다. 신분증과 경매자료를 출력해 가면 전입세대열람을 할 수 있습니다. 이 때에는 '세대원 가족전부포함'으로 선택해서 열람을 해 보세요. 서류에서 세대주, 전입일자, 최초전입자(세대주와 세대원 중 빠른 날짜)를 확인합니다. 이 내용으로 정확한 임차인의 대항력 유무를 확인할 수 있습니다.

6주 만에 마스터하는 친절한 부동산 경매 과외

새 건물이라도 현장 임장은 필수

서류상으로는 알 수 없고, 현장에서만 확인할 수 있는 정보들이 있습니다. 건물의 구조나 컨디션과 같은 정보인데요, 아무리 권리분석이 쉽고 저렴한 가격에 낙찰받을 수 있는 물건이라도 건물의 본질적인 역할을 제대로 하지 못하는 물건이라면 입찰하지 않는 것이 좋습니다. 한번은 다가구주택에 임장을 간 적이 있는데, 정말 깜짝 놀랐습니다. 지하실 계단 입구에 들어서자마자 곰팡이 냄새가 그득했고, 지하 천장에서 물이 뚝뚝 떨어지고 있었습니다. 바닥엔 이미 물이 10cm 깊이로 차 있었습니다. 서울에 비가 많이 내려 곳곳의 침수 소식 뉴스가 나왔던 때였긴 하지만, 준공한 지 5년도 채 되지 않았던 비교적 새 건물이 이런 상태일 줄은 정말 상상도 하지 못했습니다. 게다가 지하엔 두 집의 임차인이 서류상으로는 존재하고 있었는데, 상황이 이렇다 보니 이미 두 집 모두 비어 있는 것으로 보였습니다.

결국 심각한 누수현장을 본 후, 이 물건은 입찰을 포기하였습니다. 만약 이 사실을 모르고, 새 건물이니 건물 자체 시설에 문제는 없을 것이라 생각하고 임장을 생략했다면 분명 크게 후회를 했을 것입니다.

집이 비어 있다는 것은 여러 정황들로 판단이 가능한데, 대표적으로 현관문 앞에 붙어 있는 가스, 전기 공급 중단 안내문, 쌓인 우편물 등을 통해 알 수 있습니다. 집이 경매에 들어가면 여러 가지 우편물들을 받게 됩니다. 그중에는 직접 수령을 해야만 하는 등기우편물도 있는데, 사람이 없다면 우편물을 받으러 오라는 안내문이 붙어 있을 수밖에요. 또 발신자가 법원으로 되어 있는 여러 우편물들이 쌓여 있게 됩니다. 사람이 살면서도 우편물을 방치해 두는 경우도 있기 때문에 집이 비어 있다는 확실한 증거라고 단언할 수는 없지만, 집에 사람이 살고 있지 않을 가능성이 높다고 생각하고 다방면으로 추가 조사를 해 보길 바랍니다.

실전 경매, 현장에 답이 있다

임장을 다녀온 후에는 임장 보고서를 작성해 둡니다. 임장지역이 늘어나고, 정보가 늘어나면 어느 물건에 대한 내용인지 헷갈리고, 또 금방 잊어버리게 됩니다. 임장을 했는데, 입찰하지 않기로 결정을 하더라도 기록을 남겨두는 것이 좋습니다. 이는 해당 지역에 대한 소중한 자료가 되고 추후 그 지역에 다른 경매 물건이 나왔을 때 훨씬 빠른 판단을 내릴 수 있도록 도와줄 것입니다. 이렇게 쌓인 임장 보고서는 자신만의 노하우이자 보물이 됩니다.

임장은 시간과 노동력이 투입되는 과정입니다. 많은 사람들이 경매로 쉽게 돈을 벌 수 있다거나 요행으로 생각하는 경우를 종종 보는데, 실제로 경매의 전반적인 과정을 알고 임장을 경험해 보면 결코 그렇지 않다는 것을 알게 됩니다. 경매는 자신이 품을 팔고 노력한 만큼 수확하게 되는 부동산 투자입니다. 임장을 통해 얻게 된 정보로 보다 정확한 시세를 파악할 수 있게 되고, 서류상으로는 알지 못했던 리스크를 예상하고, 대비할 수 있기도 합니다. 그렇기 때문에 경매는 '현장에 답이 있다'고들 합니다. 시간이 많이 들고, 쉽지 않은 과정이지만, 이를 통해 수익률을 높이고 리스크를 방어할 수 있으니 임장을 열심히 다녀야 합니다.

법원 현장에서 나보다 높은 가격에 낙찰을 받아 가는 사람들을 보며 내가 못 본 무엇인가를 발견한 사람인가 싶은 생각이 듭니다. 꽤 복잡한 권리관계가 있는 물건임에도 높은 경쟁률을 기록하는 물건들을 볼 때면 사람들이 얼마나 많은 것을 공부하고 노력하고 있는지 느껴집니다. 그래서 임장은 항상 겸손을 알려 주는 과정이라 생각됩니다. 내가 다 알고 있다고 자만하다가도 현장을 나가 보면 겸손해지고, 더 노력해야겠다는 다짐이 생기거든요.

처음엔 두려움에 열기 어려웠던 부동산 출입문도 한두 번이 어렵지, 계속 시도를 해 보면 나중엔 커피 마시고 싶으면 열고 들어갈 수 있는 그런 곳이 될 수 있습니다. 지금은 무엇부터 봐야 할지 막막하더라도, 나중에는 주요 사항들이 한눈에 들어오는 때가 올 것입니다. 결국 자신만의 요령을 터득하게 될 것이니, 횟수를 늘려 나가 보세요. 사랑하는 사람과 데이트로 임장을 하고, 가족과 주말 나들이를 가면서 근처의 경매 물건지에 방문해 보는 것은 어떨까요? 생활 속 임장으로 경험과 노하우를 늘려 나가는 방법도 추천합니다.

임장 체크리스트와 임장 보고서

임장 체크리스트를 한번 보는 것만으로도 현장에서 어떤 것들을 살펴봐야 할지 대략적으로 가늠이 될 것입니다. 임장을 가기 전 체크리스트를 출력하여 꼭 챙길 수 있도록 합니다. 여기에 적혀 있는 내용뿐만 아니라, 스스로 중요하다고 생각하는 부분을 추가하여도 좋습니다.

■ 임장 체크리스트

제 목					
지 역			개발 호재 여부		
주소(APT명 동/호수)					
임장날짜 및 횟수					
등기부등본열람 여부			전입세대열람 여부 및 특이사항		
외부환경	건축연도(보존상태)		내부환경 및 구조	구조	
	브랜드 여부			공급면적	
	총 세대수			전용면적	
	층/총 층수			방 개수	
	방향			화장실 개수	
	복도식/계단식			확장/비확장	
	E/L 여부			내부환경	
	주차장 및 1가구당 대수 (주차장까지의 접근성 여부)			난방 방식	
				벽지	
	경비실			바닥	
	관리비			싱크대	
	1층 출입문 보안			누수	
	유해시설 여부			균열	
	공원/놀이터			곰팡이/결로	
	체육시설			채광/향	
	일조량			기타 체크사항	
	조망권			점유자 거주 여부 (소유자/임차인/기타)	
	동간 거리 체크				
	단지 내 상가 여부			체납관리비	

주위환경				시세 및 경비				
교통	지하철			부동산 시세	인터넷	매매		
	버스					전세		
	도보					월세		
학교	유치원				실거래	매매		
	초등학교					전세		
	중학교					월세		
	고등학교			추가예상경비				
	대학교			명도 예상 금액				
학원				수리 예상 금액				
				취득세				
편의시설	재래시장			중개수수료				
	소형마트/편의점			기타 추가 비용				
	대형마트			자금 흐름 및 예상				
	쇼핑센터			자본금				
	백화점			대출 예상 금액				
	대형병원			수익율				
	소형병원			낙찰예상가				
	도서관							
	영화관							

초보자뿐만 아니라, 경매에 익숙한 사람들에게도 임장 보고서 작성은 필수입니다. 임장 지역이 늘어나고, 정보가 늘어나면 어느 물건에 대한 내용인지 헷갈리고, 금방 잊어버리기 때문입니다.

■ 임장 보고서

1. 물건 기본 정보 및 권리분석

사건번호	2022-******	경매대상	아파트(35평형)
소재지	서울시 강서구 ******		
토지면적	33.5제곱미터(10.13평)	건물면적	84.89제곱미터(25평)
입찰일	2023.1.15.	감정가	950,000,000
최저입찰가	950,000,000(100%)	희망낙찰가	858,000,000
국토부실거래가	매매 전세 월세	부동산실거래가	매매 전세 월세
현재 매물 현황	급매 9억(4층), 전세 6억		
체납관리비	없음		
권리분석상의 문제점	대항력 있는 임차인(계약기간 ~2023.7.20. / 보증금 5억)		

2. 입지여건

교통	도로	왕복 4차선 도로, 강변북로 연결 편리
	지하철	5호선 화곡역 도보 15분 거리
	버스노선	버스정류장 도보 3분, 강남(40분), 종로(30분), 여의도(20분) 한 번에 가는 버스 많음.
	진입로	건물 바로 앞 2차선 도로 있음.
	인접 번화가	화곡역, 우장산역, 마곡나루역 상권 및 편의시설 이용 가능
	비고 및 총평	역세권, 교통편 좋음
교육	초등학교	[00]초등학교 도보 – 7분/버스 – 분/자가용 – 분
	중학교	[00, 00]중학교 도보 – 15분/버스 – 10분/자가용 – 5분
	고등학교	[00, 00]고등학교 도보 – 15분/버스 – 5분/자가용 – 분
	대학교	[ ]대학교 도보 – 분/버스 – 분/자가용 – 분
	학원	
	비고 및 총평	보통의 학군지, 아이 키우기에 적당한 주변 환경
편의	할인마트	근처 도보 30분, 자차 10분 거리 홈플러스
	은 행	국민, 우리, IBK기업은행
	시 장	근처 재래시장 있음.
	의료시설	치과, 자차 15분 거리 이대 목동병원
	관공서	우체국 도보 5분, 구청, 세무서
	비고 및 총평	

3. 내외부환경

내외부 환경	건축연도	2005년	복도식/계단식	복도식
	브랜드 여부	X	엘리베이터 현황	유
	총 세대수	168세대	1세대당 주차 가능 대수	1.2대
	층/총 층수	7/15	경비실	유
	방향	남향	1층 출입문보안	유
	유해시설	없음	일조량	좋음
	조망권	보통	동간 거리	보통
	단지 내 상가	학원, 마트 유	단지 내 편의시설	놀이터, 노인정
	벽면도색(외벽)	보통	벽면도색(내벽)	
	벽면균열	무	벽면누수	무
	예상관리비	35만 원/월	주차장 동선	보통
비고 및 총평				

4. 기타 장단점 및 중개사무소 내용

기타 장점	역세권이고 교통 및 제반 편의시설은 보통. 아기 키우기에는 괜찮은 입지라 전세가 잘 나가는 편임. 본 물건은 내부 인테리어를 한 상태로 낙찰 후 추가로 도배 정도만 하면 될 것으로 예상됨. 향과 구조, 층이 임차인들이 선호하는 조건의 물건임.
기타 단점	노브랜드, 세대수가 적어서 매매 선호도는 전세수요에 비해 적은 편. 추후 매도를 위해서는 낙찰가를 보수적으로 잡을 필요가 있음. 급매 기준으로 향, 층, 구조를 반영하여 입찰가를 산정.

투자수익률을 계산하고
전략적으로 매도하라

입찰을 결정하기 앞서 이 물건의 수익률이 어떤지 계산해 보는 것이 필요합니다. 특히 임대를 놓을 목적으로 입찰에 들어가는 물건의 경우 기대 수익률이 대출금리보다는 커야 하는 것은 물론이고, 다른 곳에 투자했을 경우와도 비교해 봐야 할 것입니다. 실제 필요한 현금(나의 투입자금)도 정확히 계산을 해야 내가 가진 자금 안에서 입찰이 가능한지도 판단이 가능합니다.

수익률을 계산하는 식은 다음과 같습니다.

투자수익률 계산식

연 수익−연 대출이자 / 실제 투자금X100

*연 수익 = 월세 X 12   *연 대출이자 = 월 이자 X 12

5,500만 원에 낙찰받은 빌라로 1년에 얼마를 벌 수 있을까

인천에 위치한 감정가 7,500만 원의 다세대 빌라인데요. 손품과 임장을 통해 매매는 7,000만 원, 임대료는 보증금 1,000만 원에 월세 45만 원으로 시세 형성이 되어 있음을 파악했다고 가정해 보겠습니다. 현장을 가 보니, 새시도 교체가 필요해 보이고, 내부 리모델링도 필요해 보입니다. 현재 두 번 유찰이 되었고, 이번에 5,500만 원으로 낙찰을 받게 될 경우를 가정해 보겠습니다.

사건번호 2020-23679(1)

- **감정가:** 7,500만 원
- **시세:** 7,000만 원
- **임대료:** 보증금 1,000만 원, 월세 45만 원
- **예상 수리비:** 700만 원(싱크대 200, 새시 300, 도배장판 150, 기타 50만 원)

- **낙찰금액:** 5,500만 원

- **은행대출(약 60%):** 3,300만 원(이자 5%)

- **대출이자:** 약 137,500원

- **잔금:** 5,500만 원–367.5만 원(입찰보증금)–3,300만 원(대출금)=1,832.5만 원

- **입찰보증금:** 367.5만 원(최저 경매입찰가의 10%)

- **세금(무주택자기준, 취득세 등 세금 1.1%):** 60.5만 원

- **법무비 및 기타:** 약 30만 원

- **인테리어 비용:** 700만 원

- **초기 투자금:** 2,990.5만 원(=1,832.5+367.5+60.5+30+700)

*입찰보증금 367.5만 원은 경매 입찰 시 미리 지불

이렇게 5,500만 원으로 낙찰을 받고, 초기에 들어가는 내 돈은 2,990.5만 원이라는 계산이 나옵니다. 이렇게 추가 리모델링까지 마친 후에 세입자를 받게 되었습니다. 수익률을 계산해 봅시다.

최종 수익률 계산

- **임대료:** 보증금 1,000만 원, 월세 45만 원

- **실제 투자금:** 2,990.5만 원(초기 투자금)–1,000만 원(임차인 보증금)=1,990.5만 원

- **연 수익:** 540만 원

- **연 대출이자:** 165만 원

- **연간 순수익:** 375만 원(연수익액–연대출이자)

> 540만 원(연 수익) – 165만 원(연 대출이자) / 1,990.5만 원(실제 투자금) X100
> =18.8%(약)

*투자수익률 계산식: 연간 순수익/실제 투자금 X100

인테리어 비용을 추가했음에도 매우 높은 수익률이 나왔습니다. 물론 금리, 대출한도와 임대보증금에 따라 수익률이 달라질 수 있기 때문에 여러 조건을 가정해 보면서 수익률 범위를 계산해 보는 것이 좋습니다.

수익률 계산을 해 보면 빌라의 경우, 보통 시세보다 낮은 금액으로 낙찰이 되는 경우가 많고 실제 투자금이 적기 때문에 수익률이 매우 높은 편입니다. 아파트의 경우 실제 투자금이 크고, 월세는 매매가 대비 낮은 편이라 실제 수익률을 계산해 보면 기대에 못 미치는 경우가 많습니다. 다만 수익률만 보고

임대수익률 계산기				인쇄 ǀ 닫기 X
구분	**세부내역**	**비율**	**변환**	**금액**
기본정보	감정가	100%		75,000,000 원
	최저매각가	49%		36,750,000 원
	입찰보증금	최저매각가의 10 %	⟳	3,675,000 원
낙찰비용	낙찰가	감정가의 73.33 %	⟳	55,000,000 원
	부대비용 〔계산기 열기〕	낙찰가의 14.37 %		7,905,000 원
총매입비용	**(낙찰가 + 부대비용)**			**62,905,000 원**
은행대출	대출금	낙찰가의 60 %	⟳	33,000,000 원
	금리/이자	연 5 %	⟳	137,500 원
잔금	**(낙찰가 - 입찰보증금 - 대출금)**			**18,325,000 원**
초기투자금액	**(입찰보증금 + 부대비용 + 잔금)**			**29,905,000 원**
임대내역	임대보증금	낙찰가의 18.18 %	⟳	10,000,000 원
	월임대료	낙찰가의 0.82 %	⟳	월 450,000 원
실투자액 ⑦		31.64%		**19,905,000 원**
연간수익률 ⑦	**18.84 %**	연 임대료 5,400,000 원 연 대출이자 1,650,000 원 연 수익 3,750,000 원		월 임대료 450,000 원 월 대출이자 137,500 원 월 수익 312,500 원

6주 만에 마스터하는 친절한 부동산 경매 과외

빌라가 아파트보다 좋다고 생각할 수는 없을 것입니다. 아파트의 경우 시세 상승기에 빌라보다 크게 상승을 해서 큰 매도 차액을 기대할 수 있고, 리스크가 상대적으로 적고, 환금성이 좋기 때문입니다. 그렇기 때문에 나의 현재 자금 상황과 투자 스타일에 따라 선택하면 되겠습니다. 보통 유료경매사이트에서는 수익률 계산기를 제공해 주고 있기 때문에 여러 예상되는 상황에 따라 숫자를 넣어 보면서 수익률을 계산해 보기 편리합니다.

낙찰과 마찬가지로 매도도 전략적으로

미리 조사를 했던 임대가에 맞춰 임차인을 맞췄다면 높은 수익률로 매물을 보유하고 있기 좋을 것입니다. 하지만, 다음 투자를 위해서 또는 세금 등 여러 이유로 매도를 해야 할 때가 올 것입니다. 때론 계획적으로 매도 전략을 짜서 입찰을 해야 하는 경우도 있습니다. 위 사례로 매도 전략을 짜 보도록 하죠.

사건번호 2020-23679(1)

- 감정가: 7,500만 원
- 시세: 매매 7,000만 원, 임대 보증금 1,000만 원, 월세 40~45만 원
- 낙찰 금액: 5,500만 원
- 임대료: 임대 보증금 1,000만 원, 월세 45만 원
- 매도 전략: 2년 보유 후 6,500만 원에 매도

임장 시 시세 조사를 해 보니, 매매가는 대략 7,000만 원 정도로 확인되었

습니다. 다만, 빌라의 경우 선호도가 아파트에 비해 떨어지기 때문에 빨리 매도를 하기 위해서는 시세보다 조금 낮은 가격으로 매물을 내놓는 것이 좋습니다. 경매로 싸게 취득했기 때문에 시세보다 저렴하게 내놓는다고 하더라도 실제 매입가보다는 높게 되겠지요? 시세가 떨어지는 상황이라고 하더라도 시세보다 애초에 싸게 받은 낙찰자는 버티는 여유도 있을 것입니다. 비과세 요건도 체크를 해서 매도 전략을 짜야겠습니다. 1주택자로서 2년을 보유한 후, 양도를 해 보는 것으로 가정해 보겠습니다. 당시 시세보다 500만 원 저렴하게 6,500만 원에 내놓는 것으로 계산을 해 보겠습니다. (낙찰받은 가격보다는 1,000만 원 높은 가격이지요.)

홈택스에서는 세무처리 등에 도움을 주기 위해 대략적인 계산을 할 수 있

홈택스 세금모의계산 첫 화면

6주 만에 마스터하는 친절한 부동산 경매 과외

양도소득세 간편 계산 (부동산)		
구분	일반세율(6~45%) [1-10]	비고
① 소재지		
② 양도가액	65,000,000	양도일자 : 2022-11-18
③ 취득가액	55,905,000	취득일자 : 2020-11-18
④ 필요경비	0	
양도차익 ⑤ 전체양도차익	9,095,000	② - ③ - ④
⑥ 비과세 양도차익	0	
⑦ 과세대상 양도차익	9,095,000	
⑧ 장기보유특별공제	0	
⑨ 양도소득금액	9,095,000	⑦ - ⑧
⑩ 양도소득기본공제	2,500,000	
⑪ 과세표준	6,595,000	⑨ - ⑩
⑫ 세율	6%	
⑬ 산출세액	395,700	(⑪ × ⑫)
⑭ 자진납부할세액	395,700	

양도소득세 계산을 위해 선택한 사항 요약
- ⓐ 미등기양도 사항 (아니오)
- ⓑ 피상속인 취득일 (해당없음)
- ⓒ 장기일반민간임대주택, 장기임대주택 (아니오)
- ⓓ 1세대 1주택 2년 거주 - 2020년 이후 양도(아니오)
- ⓔ 조정 지역내 1세대 3주택 (아니오)
- ⓕ 지정 지역내 1세대 3주택 (아니오)
- ⓖ 비사업용 토지 (아니오)
- ⓗ 상속받은 자산 (아니오)
- ⓘ 1세대 1주택 2년 보유 (아니오)
- ⓙ 1세대 1주택 2년 거주 기간 - 2021년 이후 양도(해당없음)
- ⓚ 조정 지역내 1세대 2주택 (아니오)
- ⓛ 일부 양도시 지분 (해당없음)

〈유의사항〉
- 세율 및 장기보유특별공제율은 사용일 현재의 세법령 기준이며, 계산된 결과는 일부 사항만을 검토하며 출력된 바 신고 또는 불복자료로 이용하실 수 없습니다.
- 양도소득세에 관해 궁금하신 사항은 국세청 홈택스(https://www.hometax.go.kr ☎ 국번없이 126)를 이용하시면 전문상담직원으로부터 상세한 상담을 받으실 수 있으며(검색어를 통한 상담사례 조회 가능) 양도소득세 신고서 작성요령 및 작성사례는 국세청홈페이지 상단메뉴의 국세신고안내를 활용하시기 바랍니다.
- 당해연도 중 다른 부동산을 양도하신 경우에는 소득금액을 합산하여 신고하여야 합니다.

홈택스 양도소득세 계산 결과

는 모의계산 서비스를 제공하고 있습니다. 이를 통해 대략적으로 세금액과 시기에 따라 달라지는 세금을 비교해 볼 수 있습니다.

위 사례의 경우 매도차액이 1,000만 원일 때 빌라의 양도세는 약 40만 원이 나왔습니다. 2년간 20% 가까운 수익률을 거두며 보유하다가 매도하여도 괜찮은 물건으로 판단됩니다. 이렇게 홈택스를 통해 간편하게 대략의 세금을 알 수 있고, 매도 전략을 짜는 데 도움을 받을 수 있습니다. 하지만, 본인이 놓치는 부분이 있을 수 있기 때문에 세무사의 검토를 받는 것을 추천합니다.

지키는 투자부터 시작하자

종잣돈이 적은 사회초년생인 경우 투자할 수 있는 금액이 적기 때문에 짧은 시간 동안 매도, 매수를 반복함으로써 초기 종잣돈의 크기를 키우는 것도 좋은 방법입니다. 이때에는 정부의 부동산 정책과 방향, 부동산 상황과 금리, 세금을 살펴보며 매도 전략을 수정해 나가는 것도 필요합니다. 투자 금액이 커지면 거주할 만한 크기와 위치의 아파트를 낙찰받아 직접 거주하면서 매도 전략을 짜는 것도 좋습니다. 이 경우 거주를 하고 있기 때문에 더 여유 있게 좋은 매도 시기를 기다릴 수 있어 좋습니다.

매도 전략은 고정될 수 없습니다. 애초에 예상했던 상황과 다르게 흘러갈 경우의 수가 많기 때문입니다. 부동산 상황, 금리 변동, 정부 정책의 변화, 주변 지역의 공급 변동 등 내가 통제할 수 없는 예측하기 어려운 상황들을 마주할 수 있습니다. 그렇기 때문에 항상 보수적으로 많은 리스크를 상상해 보며 입찰을 결정하도록 합니다. 상황을 낙관적으로 그리고, 최대의 수익률을 계산해 놓고 낙찰을 받았는데, 상황이 조금이라도 예측에서 벗어난다면 낭패일 것입니다. 반대로 보수적으로 계산하고 방어를 준비할 수 있다면 어려운 상황 속에서도 버틸 수 있는 힘이 생깁니다.

이를 위해 손품과 발품을 최대한 꼼꼼하게 팔아야 합니다. 재산의 규모를 늘리는 것도 중요하지만, 그 전에 지키는 것이 전제가 되어야 함을 항상 기억하길 바랍니다. 상황이 좋을 땐 시장 참여자들이 모두 같이 돈을 벌게 됩니다. 하지만, 상황이 좋지 않은 경우에서는 아주 극히 일부만 돈을 벌고, 대부분은 큰 손실이 납니다. 이때 손실을 최소화하고, 내 재산을 지키며 그 시기를 보낼 수 있는 것이 돈을 버는 또 다른 방법입니다. 많은 경험이 쌓인 후에 이 시기를 마주한다면 소수에 속할 가능성이 높아질 것입니다.

　인생을 마라톤으로 비유를 많이 합니다. 경매도 비슷하다는 생각을 합니다. 욕심을 좀 줄이고, 멀리 내다보며 안전한 레이스를 하는 것이 무엇보다 중요합니다. 한 순간에 모든 것을 걸고 배팅하기엔 우리의 삶이 너무 소중하고, 남은 레이스가 길지 않습니까? 안전하고, 건강하고, 즐겁게 레이스를 마칩시다.

경매 낙찰자만을 위한 대출 상품이 있다?

경락잔금대출, 어디서 받아야 할까

경락은 경매에 의하여 동산 또는 부동산의 소유권을 취득하는 일로 경매로 받은 부동산에 대해 대출을 받는 것을 경락잔금대출이라고 합니다. 낙찰을 받아 법정을 나오는 순간 이미 많은 대출상담사의 명함이 손에 쥐어져 있을 것입니다. 이 명함에서 골라서 전화를 해 봐도 되고, 포털 사이트에 대출상담사를 검색해서 나오는 명함도 괜찮습니다. 요즘엔 대출금리비교사이트, 어플리케이션이 많이 나왔기 때문에 이를 이용해 한도와 대출금리를 알아보고 선택해도 됩니다. 신용대출과 달리 담보대출은 주소지에 대해 한도를 조회하는 것이기 때문에 반복한다고 해서 신용점수가 떨어지지는 않습니다. (이때 신용조회가 추가되면 신용점수에 영향이 있을 수 있습니다.) 보통 경매 사건번호나 주소를 말하고, 한도와 금리를 문의합니다. 최소 세 군데 이상 비교해서 선택하길 추천합니다. 이때 은행이 주거래은행인지, 제1금융권인지, 거리가 가까운지와 같은 내용은 크게 고려할 필요가 없습니다.

저는 제1금융권 은행원 출신이었기 때문에 제2금융권에서 대출을 받으면 큰일이 나는 줄 알고 있었습니다. 대출은 무조건 제1금융권, 브랜드 있는 큰 은행에서 받아야 한다고 생각했지요. 하지만 경매를 하다 보니, 제1금융권에서 대출을 받지 못하는 상황이거나(특수물건이나 권리관계가 복잡한 건은 대출이 거절되는 경우도 많습니다) 금리나 한도가 오히려 제2금융권보다 못한 경우를 접하며 생각이 바뀌었습니다. 이젠 무조건 대출 한도와 금리가 좋은 곳을 택합니다. 은행에 따라서는 지점별로 대출실적이 부족하여 자체 금리를 낮추거나 프로모션을 하며 손님을 끄는 경우가 있습니다.

우연히 대출을 받게 된 금융기관은 ○○보험이었는데(보험사에서도 경락잔금 대출이 진행됩니다), 지점이 경상남도에 위치하고 있는 곳이었습니다. 대출을 실행하기로 결정하자, 그 먼 곳에서 직원이 KTX를 타고 자서(대출약정서류에 서명하는 일)를 하러 올라왔습니다. 그렇게 서울역 부근에서 만나 자서를 한 기억이 있습니다. 경매를 하는 사람들에게는 흔한 일입니다. 대출한도가 크고, 금리가 낮고(고정금리인지 변동금리인지 상황에 따라 판단), 대출 상환 조건(중도상환수수료가 있는지 없는지) 등 대출을 받을 때 고려해야 할 사항들을 알아 두고, 여러 곳의 조건을 비교해서 선택하면 됩니다.

경락잔금대출 전에 확인할 것

그런데 중요한 것이 있습니다! 경매를 진행하기 전에 대출이 가능한지 먼저 확인해야 한다는 것입니다. 미리 전화를 해서 사건번호를 불러주고, 대략의 대출한도와 금리를 확인하세요. 때때로 대출상담사가 "낙찰받으셨나요?" 하고 물어볼 수 있습니다. 이번에 입찰을 할 예정이라고 하면 낙찰하고 문의하라고 말하면서 답변을 해 주지 않는 곳도 있을 수 있습니다. 이땐 개의치 말고 다른 곳에 다시 전화해서 문의하면 됩니다. 분명 친절하게 답변을 해 주는 곳이 더 많을 거예요. 이 때에도 두세 곳의 확답을 받아 낸 후, 입찰을 진행해야 합니다. 한 곳에서 대출이 가능하다고 확답을 받고 낙찰을 받았는데, 말이 달라지거나, 또는 문의 때는 미처 몰랐던 나의 조건에 따라 대출가능여부가 달라질 수도 있기 때문입니다. 낙찰 후 대출이 되지 않아 잔금 납부를 못하는 경우도 때때로 발생하고 있으니, 항상 안전하게 준비한 후 입찰을 해야겠습니다.

경락잔금대출 역시 주택담보대출의 일종으로 정부의 부동산 정책에 영향을 받습니다. 규제지역의 15억 이상 주택은 대출 금지라고 했다면 경락잔금대출에서도 마찬가지인 것입니다. 따라서 정부정책에도 관심을 가져야 합니다.

POINT

경락잔금대출

• 입찰 전에 최소 세 군데 이상 비교하고 알아볼 것
• 대출상담사, 대출비교사이트, 어플리케이션 활용
• 금리, 한도를 기준으로 선택(주거래, 인지도, 거리 무관)
• 정부정책에 영향받음

6주 만에 마스터하는 친절한 부동산 경매 과외

경매로 어떻게
돈을 벌 수 있을까?

수익형 부동산 저렴하게 낙찰받기

일반 부동산 매매와 같이 미래 시세차익을 기대하며 보유 또는 거주를 목적으로 하는 투자도 있지만, 현금흐름을 목적으로 수익형 부동산에 투자하는 경우도 있습니다. 아파트의 경우 추후 시세차익을 통해 수익을 얻고자 하는 목표가 클 것이고, 상가나 오피스텔, 사무실, 지식산업센터처럼 임대수익을 기대하는 투자도 있습니다. 꾸준한 현금흐름을 만든 후, 추후 덤으로 시세차익까지 기대할 수 있는 물건이라면 더 좋을 것입니다.

상가

●기본정보 경매7계(☎041-620-3077)   [법원기본내역] [법원안내]

소재지	[목록2] 충남 천안시			N지도 D지도 도로명주소
용도(기타)	근린상가 (-)	토지면적	23.8㎡ (7.2평)	
감정가	643,000,000원	건물면적	119.28㎡ (36.08평)	
최저가	(49%) 315,070,000원	제시외	0㎡	
낙찰 / 응찰	357,779,900원 / 1명	대상	건물전부, 토지전부	
청구금	776,804,220원	소유자	모○○	
채권액	1,859,082,858원	채무자	모○○	
경매구분	임의경매	채권자	우○○○	물건사진 더보기 ∨
물건번호	1 [배당] 2 [배당] 3 [배당] 4 [배당]			

●진행내역

기일종류	기일	접수일~
배당종기	2019.09.16	106일
감정기일	2019.07.01	29일
개시결정	2019.06.04	2일
등기기입	2019.06.03	1일

●기일내역

기일종류	기일	상태	최저매각가격(%)	경과일
입찰변경	2021.05.13	배당		711일
납부일	2020.10.05	납부		491일
허가일	2020.08.18	허가		443일
3차매각	2020.08.11	낙찰	315,070,000원(49%) 357,779,900원 (55.64%) 주○○○ / 응찰 1명	436일
입찰변경	2020.06.02	변경	315,070,000원(49%)	366일
입찰변경	2020.04.28	변경	315,070,000원(49%)	331일
2차매각	2020.03.24	유찰	450,100,000원(70%)	296일
1차매각	2020.02.18	유찰	643,000,000원(100%)	261일

본 건은 감정가 대비 55.64%로 낙찰받은 충남 천안시의 상가입니다. 구도심 메인 거리에 있는 상가 건물의 2층 한 호실을 낙찰받았습니다. 피트니스 센터를 운영하고 있는 곳이었고, 월세를 받아 이자비용을 내고도 약간의 수익을 얻고 있습니다. 싸게 산 만큼 추후 상황에 따라 매도를 하여 차익을 기대하고 있습니다.

오피스텔

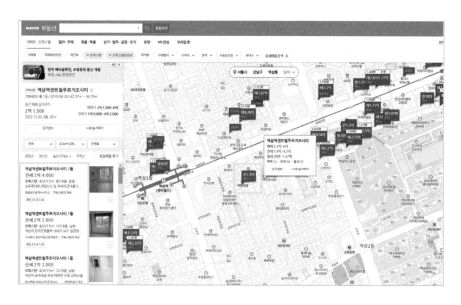

역세권의 오피스텔을 싸게 낙찰받아 임대수익으로 이자를 납입하고, 추후 매도차익도 기대해 보는 투자도 추천드립니다. 관련 낙찰 사례를 찾아보겠습니다. 위 사례는 역삼역 부근의 오피스텔 낙찰사례인데요. 기존에는 전세 2억으로 살고 있었던 세입자가 있었고, 이를 2억 2,400만 원에 한 법인이 낙찰을 받았습니다. 현재 전세 시세는 2억 1,000~2억 3,000만 원으로 해당 물건은 고층이라 2억 2,000만~2억 3,000만 원은 전세로 받을 수 있을 것으로 예상됩니다. 즉, 이 물건으로 새로운 전세 세입자를 세팅하면 세금 외에는 거의 투자비가 들지 않는다는 뜻입니다. 이 물건은 과거 2억 5,000만 원에도 거래가 되었던 매물입니다. 부동산 하락기에 전세가와 거의 비슷한 가격으로 매입한 후 보유하다 추후 부동산 상황이 좋아졌을 때 임대수익을 높이는 방법을 택하거나, 아예 매도를 통한 시세차익을 기대할 수 있겠습니다.

이처럼 위치가 좋은 수요가 확실한 오피스텔을 전세가와 비슷한 금액으로 낙찰받아 운영한다면 현금흐름과 추후 매도차익까지 다양한 방법으로 운용할 수 있습니다.

지식산업센터

아파트형 공장인 지식산업센터는 대출이 70~80%까지 큰 비율로 가능하고, 전매도 자유롭고, 시세상승률도 커서 최근 굉장히 인기가 많았던 투자 매물 종류였습니다. 지식산업센터도 경매로 종종 매물이 나오고 있습니다. 경쟁률이 높던 시기에는 10명 가까운 사람들이 입찰에 참여해서 감정가 이상으로 낙찰을 받아갔지만, 최근 들어서는 지식산업센터의 경쟁률과 낙찰가율이 많이 낮아진 상황입니다. 아파트형 공장은 월세수입이 비교적 안정적이고, 시세차익

사건번호 ⬍	소재지	용도 입찰일자	감정평가액 ⬍ 최저경매가 ⬍ 낙찰가	진행단계 (유찰 ⬍)	경매문의	조회수 물건등록
2021-5888	[남부6계] 서울 금천구 가산동 371-57 가산더스카이 밸리1차 205호 [건물 135.98m²][토지 34.01m²] 토지별도등기, 도로인접 지적개활도 도시계획도 5째5 새창보기	아파트형 공장 2022.11.15	499,000,000 319,360,000 356,936,000	납부 (응찰:1명) 71.53%		759 ☐
2021-6652	[남부6계] 서울 영등포구 문래동5가 23-5 문래동빅 토리테크노타워 4층 401호 [건물 265.68m²][제시외 74m²][대지권 95.71m²] 지적개활도 도시계획도 5째5 새창보기	아파트형 공장 2022.11.15	817,400,000 653,920,000 827,500,000	납부 (응찰:5명) 101.24%		520 ☐
2022-102540	[남부1계] 서울 구로구 구로동 184-1 우림이비지센 터2차 10층 1006호 [건물 268.43m²][대지권 70.51m²] 도로인접 지적개활도 도시계획도 5째5 새창보기	아파트형 공장 2022.11.08	1,830,000,000 1,830,000,000 1,941,000,000	납부 (응찰:1명) 106.07%		76 ☐
2021-105221[1]	[남부11계] 서울 금천구 가산동 680 우림라이온스밸 리2차 8층 813호 [건물 132.8m²][대지권 33.39m²] 등기변동 토지별도등기 지적개활도 도시계획도 5째5 새창보기	아파트형 공장 2022.10.19	494,000,000 494,000,000 680,532,600	납부 (응찰:8명) 137.76%		588 ☐
2021-105221[2]	[남부11계] 서울 금천구 가산동 680 우림라이온스밸 리2차 8층 815호 [건물 139.44m²][대지권 35.06m²] 토지별도등기 지적개활도 도시계획도 5째5 새창보기	아파트형 공장 2022.10.19	524,000,000 524,000,000 680,532,600	납부 (응찰:10명) 129.87%		358 ☐
2021-109018[1]	[남부5계] 서울 금천구 가산동 345-90 한라시그마밸 리 19층 1907호 [건물 141.2m²][대지권 37.62m²] 토지별도등기 지적개활도 도시계획도 5째5 새창보기	아파트형 공장 2022.07.20	527,000,000 527,000,000 576,880,000	배당 (응찰:1명) 109.46%		112 ☐
2021-109018[2]	[남부5계] 서울 금천구 가산동 345-90 한라시그마밸 리 19층 1908호 [건물 133.26m²][대지권 35.51m²] 토지별도등기 지적개활도 도시계획도 5째5 새창보기	아파트형 공장 2022.07.20	498,000,000 498,000,000 543,880,000	배당 (응찰:1명) 109.21%		74 ☐
2021-5086	[남부5계] 서울 구로구 구로동 235-2 에이스하이-엔 드타워 7층 706호 [건물 121.6m²][대지권 31.48m²] 재보 토지별도등기, 선순위임차인 지적개활도 도시계획도 5째5 새창보기	아파트형 공장 2022.06.23	510,000,000 510,000,000 681,500,000	배당 (응찰:15명) 133.63%		263 ☐

도 기대할 수 있어서 각광받은 투자처이지만, 사업자등록증을 갖고 있어야 하고, 입주기업의 사업자 종류 제한이 있다는 점 등 여러 제약도 필히 확인하고 도전해야 합니다.

수익형 물건에서 가장 중요한 것은 꾸준히 수요가 있고, 월세가 이자율보다 높은가 하는 부분인 만큼 수요가 안정적인지를 잘 확인하고 투자를 결정해야 합니다. 지식산업센터는 특히 위치에 따라 가치나 시세 변동폭이 크게 차이 나고 있으니, 희소가치가 있는 지식산업센터를 공부해서 택하는 것이 필요하겠습니다.

그 외에도 빌라를 사서 월세 수익을 낼 수도 있고, 펜션으로 에어비앤비를 운영해 볼 수도 있고, 아예 고시원이나 모텔 같은 현금흐름이 기대되는 물건에 투자할 수도 있습니다. 다양한 방식으로 현금흐름을 만들 수 있으니, 여러 종류의 물건들과 어떤 수준으로 현금흐름이 만들어지고 있는지도 살펴보시길 바랍니다.

수익형 부동산은 금리와 공실 리스크, 임대수익률을 반드시 꼼꼼하게 체크하여 접근해야 합니다. 주거용에 비해 상가나 사무실은 경기에 더 영향을 받기 때문에 공실률, 금리, 세금 등의 리스크가 더 큽니다. 특히 지금처럼 금리 리스크가 큰 상황에서는 추가적으로 금리가 더 높아질 것을 가정해 보면서 월세가 대출 이자 이상으로 나오는지 보수적으로 확인할 필요가 있습니다.

무엇보다 공실 가능성이 가장 중요한 포인트입니다. 상권, 입지, 경제상황, 금리 변동, 정책에 따라 공실률이 뒤바뀌기 때문에 공부해야 하는 내용이 많지만, 주거용 아파트의 비해 수익형 부동산의 낙찰가율은 훨씬 더 낮은 편이니 수익형 부동산을 보는 눈이 있다면 이를 투자할 때 경매를 이용하는 것은 좋은 선택입니다. 종류가 많고, 공부할 범위가 큰 만큼 먼저 부동산 종류의 범위를 좁혀서 시작하고 입찰에 도전하는 것을 추천드릴게요.

권리 문제 해결 후 제값에 팔기

경매의 가장 큰 특징이자, 가장 큰 수익을 낼 수 있는 방법 중 하나입니다. 권리상의 문제나 명도 등에 어려운 부분이 있어 일반 매매에서 거래가 되지 못하고, 경매로 나온 물건들이 있습니다. 문제들을 살펴보고, 그 문제들 중에 자신이 해결할 수 있는 매물들을 찾아내는 것이 포인트입니다.

내가 해결할 수 있는 해결점이 보인다면 보다 낮은 경쟁률 안에서 싸게 낙찰받을 수 있는 확률이 높아집니다. 경매에는 다양한 문제를 갖고 있는 매물들이 나오는데, 지분경매, 법정지상권, 대지권미등기, 선순위임차인, 유치권 등이 그 예입니다. 이런 물건들을 특수물건이라고 하는데, 유찰이 많이 되고, 경

소재지	서울 양천구			N지도 ⓓ지도 도로명주소	
용도(기타)	아파트 (-)	토지면적	대지권미등기		
감 정 가	235,000,000원	건물면적	89.93㎡ (27.2평)		
최 저 가	(64%) 150,400,000원	제 시 외	0㎡		
낙찰 / 응찰	163,300,000원 / 1명	대 상	건물전부		
청 구 금	100,000,000원	소 유 자	성○○○○○○○○○○		
채 권 액	10,534,996,666원	채 무 자	성○○○○○○○○○○		
경매구분	강제경매	채 권 자	동○○○○○○	물건사진 더보기 ⌄	
물건번호					

❶진행내역

기일종류	기일	접수일~
배당종기	2010.09.14	107일
감정기일	2010.07.12	43일
개시결정	2010.06.21	22일
등기기입	2010.05.31	1일

❶기일내역

기일종류	기일	상태	최저매각가격(%)	경과일
입찰변경	2015.12.03	취소		2013일
납부일	2015.04.21	납부		1787일
허가일	2015.03.25	허가		1760일
3차매각	2015.03.18	낙찰	150,400,000원(64%) 163,300,000원 (69.49%) 백○○ / 응찰 1명	1753일
2차매각	2015.02.04	유찰	188,000,000원(80%)	1711일
1차매각	2014.12.24	유찰	235,000,000원(100%)	1669일

쟁률도 확 줄어듭니다. 이런 물건들 중 자신의 수준에 맞는 물건이 있을지도 모릅니다. 특수 물건에도 관심을 가지고 하나하나 공부를 더해가 보시길 바랍니다.

　대지권미등기 문제가 있었던 아파트를 두 번 유찰된 가격에 단독 낙찰받은 사례입니다. 물론 사전에 대지권미등기 문제를 해결할 수 있다는 확신하에 입찰한 것입니다. 감정평가서에 대지지분이 포함이 되어 있다면 추후 소송을 통해 대지권등기를 하는 데 문제가 없다고 공부했기 때문입니다. 그래서 입찰에 도전하였고, 감정가 대비 거의 절반 가격에 단독으로 낙찰을 받았습니다. 추후 소송을 통해 대지권등기를 할 수 있었고, 일반 거래를 하는 데 전혀 문제가 없어진 이 물건은 추후 낙찰가의 두 배 가격으로 시세보다 저렴하게 내놓아서 빠르게 매도를 하였습니다.

유료경매사이트에서는 여러 조건으로 매물들을 검색할 수 있도록 서비스하고 있습니다. 권리상의 문제 중 자신이 해결이 가능한 물건을 검색해 보고 입찰에 도전해 보세요. 문제를 해결하는 것만으로도 큰 수익을 얻을 수 있게 될 것입니다.

문제가 있는 물건은 경쟁률도 적고, 해결만 할 수 있다면 감정가 수준으로만 매도가 되더라도 높은 수익을 거둘 수 있습니다. 입찰 전에 예상 수익을 계산하는 것도 가능하지요. 물론 이를 위해서는 추가적인 공부와 경험이 필요합니다. 경매를 하면서 남들이 미처 놓친 조개 속 진주를 발견할 수 있도록 경험과 실력을 쌓아 가길 바랍니다.

다만 무조건 싸게 살 수 있는 것만 보고 확신이 없는데도 입찰을 해서는 안 되겠습니다. 항상 예상치 못한 문제도 발생이 되는 만큼 확신을 가질 수 있는 물건에만 도전해야 합니다.

가치를 높여 비싸게 팔기

모 연예인 부부의 '스타벅스 재테크'가 화제가 된 적이 있습니다. 허름한 건물을 산 후 재건축과 리모델링을 거쳐 스타벅스를 입점시킨 것이죠. 이처럼 인테리어나 신축, 리모델링, 용도변경을 통해 건물이나 땅의 가치를 높여 수익을 내는 방법이 있습니다. 특히 이 부분에 경매가 유리한 이유는 허름한 부동산일 경우 경쟁률이 적고 감정가보다 싸게 낙찰받을 확률이 높기 때문입니다. 신축이나 리모델링에 관심이 많다면 남들이 쉽게 지나치는 허름한 물건을 값싸게 낙찰받아서 가치를 높이고, 수익을 남기는 방법을 추천합니다. 요즘은 워낙 정보가 넘쳐나고 사람도 쉽게 구할 수 있는 시대이기 때문에 충분히 누구나 시도해 볼 수 있다고 생각합니다. 부동산 투자를 지속하려 한다면 꼭 시도해 봐야 하는 부분이기도 합니다.

실제 사례 1 – 인테리어를 통해 낙찰가보다 전세금을 더 비싸게 받다

오래된 구축 아파트를 싸게 낙찰받아 인테리어를 한 후 전세를 놓을 계획을 세웠습니다. 리모델링을 할 때에는 빠르게, 가성비 있게 하는 것이 중요합니다. 물론 이런 과정 역시 입찰하기 전에 이미 어느 정도 예상해 보고 계산되어 있어야 합니다. 기존 점유자를 내보내는 명도를 진행하면서 공사일정도 기획해야 합니다. 잔금을 납부하면서부터 금융이자가 발생되기 때문에 수익실현을 빨리 하는 것이 중요하기 때문입니다.

인테리어는 업체에게 전적으로 맡겨도 되지만, 수리해야 할 부분을 정한 후 개별적으로 전문가를 구해서 진행하면 인테리어 비용을 많이 절약할 수 있습니다. 인테리어 비용 절약은 곧 수익률의 증가로 이어지기 때문에 시도해 보길 바랍니다. 요즘엔 인테리어 정보를 얻기도 쉽고, 견적을 비교해서 인력을 구하는 것도 수월해졌습니다. 인테리어 사진은 인스타그램, 핀터레스트, 오늘의 집, 블로그, 인테리어 카페 등에서 참조할 수 있고, 마음에 드는 사진을 모아서 견적을 의뢰할 때 사용하면 됩니다. 견적과 기술자를 구하는 일은 '숨고', '크몽'과 같은 어플이나 '셀인'과 같은 셀프 인테리어 카페도 추천합니다. 사진과 자료를 통해 전반적인 인테리어 컨셉을 잡은 후, 견적을 받고 일정 순서를 짜서 기술자에게 업무를 배분하면 됩니다.

임차인을 받을 집의 경우 인테리어는 개인 취향보다는 깨끗하고 무난한 스타일로 하는 것이 좋습니다. 그래야 많은 사람들의 보편적인 취향을 맞출 수 있고, 추후 매도를 할 때에도 도움이 될 것입니다. 인테리어를 하다 보면 욕심이 끝도 없습니다. 선택에 따라 비용은 계속 늘어나고요. 그래서 포기할 부분은 포기하고, 선택과 집중이 필요합니다. 사람들이 중요하게 여기는 부분은 좋은 재료로 선택해서 집중하고, 다른 곳은 저렴한 것으로 선택해서 돈을 아끼는 것도 하나의 방법입니다.

세입자를 구하거나 매도를 할 때 사람들이 가장 중요하게 여기는 부분이 주방과 욕실입니다. 이 부분엔 신경을 쓰는 것이 좋습니다. 임장을 할 때에도 마찬가지지만, 항상 세입자 또는 구매자 입장에서 고민하고, 주변 매물과 비교

욕실 Before

욕실 After

를 해서 객관적인 판단을 하는 것이 필요합니다.

또한 아예 인테리어를 하지 않고 그만큼 저렴하게 내놓는 것도 전략이 될수도 있습니다. 인테리어는 부족하지만, 가격적인 장점이 있다면 그 자체로 경쟁력이 있는 것이니까요.

주방 Before

주방 After – 주방의 경우 시트지 작업을 하고 상판만 교체함으로써 매우 저렴하게 인테리어를 하였다.

실제 사례 2 – 빌라를 풀옵션으로 만들어서 셰어하우스를 운영하다

빌라를 낙찰받은 이 지역은 대부분이 전세물건이라 갭투자를 많이 하는 지역이었습니다. 만약 월세를 받고자 한다면 대출이자를 내고 거의 남는 게 없는수준으로 보증금과 월세가 형성되어 있었습니다. 하지만, 전 이 집을 전세로내서 시세차익을 기대하는 방식으로 보유하고 싶지 않았고, 꼭 현금흐름을 만

들고 싶었습니다. 그래서 생각한 것이 셰어하우스였습니다. 방 3개, 화장실 2개인 27평 빌라였기 때문에 큰 방에 2명, 작은 방에 한 명씩 총 4명을 세입자로 받으면 기존 형성되어 있던 월세보다 더 많이 받을 수 있겠다는 계산을 했습니다. 그래서 누구든 몸만 들어와 살 수 있게 방에 책상과 침대를 놓고, 냉장고, 식탁, 세탁기, 소파, 옷장 등을 구비해 놓았어요.

셰어하우스라는 개념도 당시엔 생소했었기 때문에 부동산 사장님께 개념을 설명하고 사람을 구해 달라고 부탁해야 했습니다. 하지만 동성인 임차인 4명을 한꺼번에 모으기란 결코 쉽지 않았어요. 여자 한 분이 관심을 표하면 다음 날에는 남자 분이 관심을 표하는 식이었죠. 어떤 성별로 어떻게 셰어하우스를 완성해야 할지 난감했습니다. 이때 셰어하우스를 운영하기 위해서는 한 채가 아닌 여러 채를 동시에 운영하는 것이 훨씬 효율적이라는 것을 알게 되었어요.

인내심을 갖고 기다리던 어느 날, 남자 4명이 이 집에서 살겠다고 찾아왔습니다. 그들은 고등학교 동창으로 서울에 올라와 오피스텔을 알아보고 있었는데, 이 집은 빌라임에도 풀옵션으로 되어 있고, 오피스텔보다 방과 거실이 훨

씬 크지만 가격은 오피스텔에 비해 저렴했기 때문에 그들은 이곳을 보고 무척 반가워했습니다. 기존 시세는 보증금 3,000만 원에 월세 45만 원이었는데요, 보증금 3,000만 원에 월세 75만 원이라는 더 높은 가격으로 임차인을 들일 수 있었습니다. 주변 오피스텔 월세와 비슷한 가격이었지요. 빌라의 한계를 벗어나서 여러 가지를 시도한 결과 높은 수익률을 얻게 된 사례입니다.

부동산은 종류가 다양하고, 종류별로 활용 방법도 다양합니다. 어떻게 지혜를 발휘하느냐에 따라 수익률도 크게 달라질 수 있습니다. 싸게 낙찰을 받는 것도 중요하지만, 더 높은 가격으로 임대를 놓고, 매도를 하는 것도 무시할 수 없는 중요한 부분입니다. 이 역시 많은 조사와 도전을 통해 노하우를 쌓아 간다면 점점 좋은 성과가 나오는 부분이니, 자신감을 갖고 자신의 역량을 발휘해 보세요.

남들은 잘 모르는 공매에 도전하자

경매를 배웠다면 공매도 도전이 가능합니다. 공매는 국세징수법을 근거로 공적인 채무관계를 해결하고자 압류재산을 매각하는 것으로 국가기관이 강제권한을 가지고 행하는 매매를 말합니다. 나오는 물건, 진행 절차, 인도의 과정에 있어서 차이점만 이해를 한다면 공매 물건도 충분히 도전해 볼 수 있습니다.

경매와 가장 큰 차이점은 법원에 방문할 필요 없이 인터넷으로 입찰이 가능하다는 점입니다. 그래서 직장인들도 손쉽게 참여가 가능하다는 것이 장점입니다. 한국자산관리공사(캠코)가 운영하는 공매 사이트 온비드(https://www.onbid.co.kr/op/dsa/main/main.do)에서 물건을 검색하고, 입찰하면 됩니다.

경매에서는 한 번 유찰이 될 때마다 다음 입찰일이 약 한 달 후로 진행되는 것과 달리 공매는 유찰될 시 1주일 후 다음 입찰일이 결정됩니다. 이렇게 스피드한 진행이 공매의 특징입니다. 공매와 경매에 동시에 동일 물건이 올라올 수 있는데, 이 때에는 낙찰이 되는 일자가 중요한 것이 아니라, 먼저 잔금을 내는 쪽이 매수인으로 결정이 됩니다.

종류별 부동산뿐만 아니라 국유재산, 압류재산, 수탁재산이나 국가나 지자체, 공공기관 등의 공공자산 등도 매물로 올라오기 때문에 일반 부동산 매매에서는 볼 수 없는 독특한 물건들이 많습니다. 지하철 역 안에 위치한 상가, 이제는 손님이 끊긴 지방의 우체국, 공항에서 압류된 고가의 명품백이나 시계도 있습니다. 저는 온비드를 알리는 유튜브 컨텐츠를 제작하기 위해 학교 교실에서 쓰던 TV 8대를 낙찰받은 경험도 있습니다. 물건의 범위가 워낙 다양하기 때문에 검색해서 물건을 살펴보는 재미도 있습니다. 공매의 가장 큰 단점은 '인도명령제도'가 없다는 것입니다. 따라서 명도협상이 잘 이루어지지 않을 경우 별도의 인도소송을 진행해야 합니다. 인도소송은 인도명령제도에 비해 시간이나 금액이 크게 소요됩니다. 따라서 공매물건을 입찰할 때에는 명도할 대상이 없는 물건이나, 명도가 명확하게 해결이 될 수 있는 물건임을 확인하고 도전하는 것이 좋겠습니다. 온비드 사이트에서 제공하는 정보 자료가 유료 경매사이트에 비해 적다는 점, 경매에 비해 물건 개수가 적다는 점도 공매의 아쉬운 부분이라고 할 수 있습니다.

4주차

6주 만에 마스터하는
친절한 부동산 경매 과외

왕초보를 위한

권리분석

기본 개념

부동산 일반 매매의 경우 정해진 매매가에서 거래를 하게 되지만, 경매의 경우 다양한 사연들이 있고, 권리관계 정리가 필요한 경우가 많기 때문에 추가적으로 비용이 소요되는 경우도 있습니다. 그렇기 때문에 부동산을 소유하는 데 들어가는 최종적인 돈의 액수를 정확하게 예상하고 계산해서 입찰표에 금액을 적어야 합니다. 결국 권리분석은 내가 돈을 얼마나 더 내야 하는지, 그 안의 점유자를 내보내는 것이 가능한지 불가능한지, 내 능력이 풀 수 있는 권리문제들인지, 그래서 결국 내 손에는 깨끗이 정리된 등기부등본을 받을 수 있는지를 판단하는 일입니다. 특수물건의 경우는 추가적인 경험과 지식이 필요하지만, 대부분 권리분석은 매우 간단히 끝낼 수 있는 과정이랍니다. 결국 쉬워질 단계! 권리분석을 힘차게 시작해 볼까요?

5단계로 정리하는 권리분석

　권리분석을 진행하는 방법을 순서에 맞춰 간단하게 설명드리고, 자세한 내용 시작해 보겠습니다.

　첫째, 경매 사이트에서 제일 먼저 보이는 첫 화면의 대략적인 내용(주소, 종류, 평수, 감정가, 사진 등)을 훑어봅니다.

검색건수: 358건	정렬개수선택 ✔						
사건번호 ↓	입찰일자 ↓	소재지 ↓	감정평가액 ↓	최저경매가 ↓	유찰회수 ↓	낙찰가 ↓	
사건번호 ⇕	소재지		용도 입찰일자	감정평가액 ⇕ 최저경매가 ⇕ 낙찰가 ⇕	진행단계 (유찰 ⇕)	경매문의	조회수 물건등록
2021-55187	[동부5계] 서울 강동구 상일동 233 외 1개 목록 [건물 74.97㎡][제시외 89㎡][토지 32.3㎡] 등기변동 지분경매, 선순위임차인 지적개황도 도시계획도 SMS 새창보기		근린주택 2023.02.06	393,660,950 251,943,000	유찰 (2회)	경매상담	501 □
2021-55569	[동부5계] 서울 성동구 마장동 817 삼성아파트 104동 10층 1003호 [건물 84.93㎡][대지권 41.3㎡] 제보 유치권, 선순위임차인 지적개황도 도시계획도 SMS 새창보기		아파트 2023.02.06	1,280,000,000 1,024,000,000	유찰 (1회)	경매상담	219 □
2021-1920	[동부3계] 서울 송파구 풍납동 509 씨티극동아파트 101동 17층 1706호 [건물 162.4㎡][대지권 68.17㎡] 등기변동 지적개황도 도시계획도 SMS 새창보기		아파트 2023.01.30	2,000,000,000 1,280,000,000	유찰 (2회)	경매상담	2,093 □

둘째, 마음에 드는 물건을 클릭하면 아래와 같은 화면으로 넘어갈 것입니다. 좀 더 자세한 정보가 궁금할 때는 '매각물건명세서'를 클릭합니다.

셋째, 매각물건명세서에서 말소기준권리와 임차인 현황을 확인합니다. 임차인이 없다면 집주인이 살고 있는 집입니다. 임차인이 있다면 전입신고, 확정일자 날짜가 말소기준권리보다 빠른지 확인합니다. 배당 신청 여부도 확인합니다.

서울동부지방법원

매각물건명세서

사 건	2021타경1920 부동산임의경매 2022타경50837(중복)	매각 물건번호	1	작성 일자	2022.10.17	담임법관 (사법보좌관)		
부동산 및 감정평가액 최저매각가격의 표시	별지기재와 같음	최선순위 설정		2014.11.18. 근저당권		배당요구종기	2021.11.03	

부동산의 점유자와 점유의 권원, 점유할 수 있는 기간, 차임 또는 보증금에 관한 관계인의 진술 및 임차인이 있는 경우 배당요구 여부와 그 일자, 전입신고일자 또는 사업자등록신청일자와 확정일자의 유무와 그 일자

점유자의 성 명	점유부분	정보출처 구 분	점유의 권 원	임대차기간 (점유기간)	보증금	차임	전입신고일자,사업 자등록 신청일자	확정일자	배당요구여부 (배당요구일자)
				조사된 임차내역없음					

※ 최선순위 설정일자보다 대항요건을 먼저 갖춘 주택·상가건물 임차인의 임차보증금은 매수인에게 인수되는 경우가 발생 할 수 있고, 대항력과 우선변제권이 있는 주택·상가건물 임차인이 배당요구를 하였으나 보증금 전액에 관하여 배당을 받지 아니한 경우에는 배당받지 못한 잔액이 매수인에게 인수되게 됨을 주의하시기 바랍니다.

등기된 부동산에 관한 권리 또는 가처분으로 매각으로 그 효력이 소멸되지 아니하는 것

해당사항없음

매각에 따라 설정된 것으로 보는 지상권의 개요

해당사항없음

비고란

넷째, 등기부등본(등기사항전부증명서)을 살펴봅니다. 말소기준권리를 확인하고, 그 앞뒤로 소멸되지 않고 인수해야 하는 다른 권리들이 있는지 확인합니다. 유료경매사이트에서 제공하는 정리된 등기부등본 내역으로도 확인할 수 있습니다.

❶집합건물등기부등본

집합건물등기

접수일	등기구분		등기권리자	금액	비고
2014-11-18	소유권이전		김■■■	650,000,000	전소유자:안■■■ 매매(2014.11.10)
2014-11-18	근저당권	말소	율곡농협	890,000,000	**말소기준권리**
2020-08-21	근저당권	말소	오호캐피탈대부	825,000,000	
2020-09-25	근저당권	말소	황■■■	150,000,000	
2020-11-02	근저당권	말소	정■■■외1	120,000,000	
2020-12-30	근저당권	말소	황■■	75,000,000	
2021-02-04	가압류	말소	박■■	50,000,000	광주지법 2021카단50336
2021-05-31	근저당권	말소	씨디케이코리아대부	360,000,000	
2021-08-17	임의경매	말소	오호캐피탈대부	청구금액 825,000,000	2021타경1920
2022-02-16	강제경매	말소	김■■		2022타경50837
2022-03-21	압류	말소	잠실세무서장		

(등기부채권총액 : 2,470,000,000 / 열람일 : 2022.06.28) **최종등기변동확인** ❷ 근질권설정, 압류기입, 근저당권이전 **2022.08.22**

다섯째, 유료경매사이트의 '예상배당표'를 보면서 내가 한 권리분석대로 배당을 받아가는지 다시 한 번 검토, 확인합니다. 이 사례에서는 말소기준권리를 포함한 모든 권리가 다 소멸됩니다. 낙찰을 받으면 깨끗한 등기부등본을 받게 되겠습니다.

❶예상배당표

임차인 배당기준표　주택임대차 소액보증금 범위　상가임대차 소액보증금 범위　태인권리분석

☞ 최저경매가 및 등기부상의 설정금액을 기준으로 작성이 되고 있으므로 입찰금액이 높아지거나 실 채권액이 설정금액보다 적을 경우에는 배당금액의 변경으로 인해 인수여부 및 인수금액 등에 변화가 생길 수 있습니다. 입찰금액 또는 등기부상 채권금액의 수정 및 그에 따른 예상배당표의 재작성은 태인권리분석의 '정보수정후분석' 기능을 이용하시기 바랍니다.

* 입찰가정가 : 12억 8000만원 (최저경매가기준)　　　　　　　　　　　　　　단위: 만원

권리	권리자	등기/확정일	전입/사업	채권액	채권배당금	미수금	인수여부	비고
법원경비	법 원	-	-	-	659	0	-	-
압류	잠실세무서장	2022-03-21	-	체납상당액	교부청구액	0	말소	보기
근저	율곡농협	2014-11-18	-	8억 9000	8억 9000	0	말소	말소기준권리
근저	오호캐피탈대부	2020-08-21	-	8억 2500	3억 8340	4억 4159	말소	-
근저	■■■	2020-09-25	-	1억 5000	0	1억 5000	말소	-
근저	■■■■	2020-11-02	-	1억 2000	0	1억 2000	말소	-
근저	■■■	2020-12-30	-	7,500	0	7,500	말소	-
가압	■■■	2021-02-04	-	5,000	0	5,000	말소	-
근저	씨디케이코리아대부	2021-05-31	-	3억 6000	0	3억 6000	말소	-
임의	오호캐피탈대부	2021-08-17	-	-	-	-	말소	-
강제	■■■	2022-02-16	-	0	0	0	말소	-
	합 계			24억 7000	12억 8000	11억 9659		

본 물건은 매각기일 1주일 전에 공개되는 매각물건명세서가 아직 공고되지 않은 상태입니다. 권리분석을 위해서 **01월 23일** 공개 예정인 매각물건명세서를 꼭 확인하시기 바랍니다. 특히, 이미 1회 이상 유찰 또는 변경이 되었거나 재매각이 되는 물건의 경우에도 기존 매각물건명세서의 내용이 갱신되는 경우가 많으니 주의하시기 바랍니다.

대항력 있는 임차인은 무엇을 뜻할까?

권리분석을 할 때 임차인이 있을 경우 임차인의 대항력 여부를 판단하는 것이 매우 중요한데요. 대항력과 주택임대차보호법에 대해 확실히 이해하고, 등기부등본에 임차권이 등기된 경우의 권리분석까지 알아봅시다.

대항력이란 무엇일까

대항력은 '대항할 수 있는 힘'으로 임차인이 집주인과 체결했던 부동산 계약 내용(임대차 관계)을 제삼자에게도 주장하고 버틸 수 있는 힘입니다. 집이 경매로 넘어가 집주인이 바뀌었다고 해도 대항력이 있는 임차인은 자신의 임대차계약 내용을 새로운 집주인이 그대로 인수하도록 할 수 있습니다. 예를 들어

보겠습니다. 임차인 A는 계약기간 2년에 전세금 3억 원으로 계약을 했습니다. 거주한 지 1년쯤 되었을 때 집주인이 다른 사람으로 바뀌었습니다. 새로운 집주인은 보증금을 올리겠다고 주장하며 오른 만큼 추가 금액을 내지 않으면 이사를 나가야 한다고 압박하더라도, 대항력 있는 임차인 A는 새로운 집주인에게 아직 1년의 계약기간이 남았고, 전세금은 3억 원에 그대로 살 수 있다고 주장하며 남은 계약기간 동안 기존 조건 그대로 거주할 수 있습니다.

대항력의 성립 요건과 발생 시기

그럼 대항력이 성립되는 조건들을 알아봅시다. 대항력이 성립되려면 전입신고를 하고 점유를 해야 합니다. 전입신고는 해당 거주지에 이사 와서 살게 되었다고 관청에 신고하는 것입니다. 점유는 주택의 인도를 뜻하는데, 쉽게 '이사'를 생각하면 됩니다. 일반적으로 열쇠를 인도 받은 날부터 점유로 보는데, 요즘은 대부분 도어락이 설치되어 있으니, 도어락 비밀번호를 전달받는 것부터 점유가 시작된다고 할 수 있습니다. 전입신고와 점유 날짜 중에 늦은 날의 다음날 0시부터 효력이 발생됩니다.

아래의 예시를 보고 대항력의 발생 시기를 판단해 봅시다.

Q. 대항력은 언제 생길까요?

① 전입신고(2023년 1월 2일)+점유(2023년 1월 2일)

② 전입신고(2023년 1월 12일)+점유(2023년 1월 13일)

③ 전입신고(2023년 3월 4일)+점유(2023년 3월 2일)

④ 전입신고(2023년 5월 14일)+점유(2023년 6월 1일)

A. 전입신고일과 점유일 중 늦은 날 다음날 0시에 대항력이 생깁니다.

① 2023년 1월 3일 0시부터 대항력이 생깁니다.

② 2023년 1월 14일 0시부터 대항력이 생깁니다.

③ 2023년 3월 5일 0시부터 대항력이 생깁니다.

④ 2023년 6월 2일 0시부터 대항력이 생깁니다.

P O I N T

대항력

- **성립 요건**: 전입+점유(주택의 인도)
- **발생 시기**: 둘 중 늦은 날의 다음날 0시

임차인의 권리를 보장해 주는 주택임대차보호법

전세는 세입자가 집주인에게 보증금을 주고 집을 빌려 일정 기간 동안 살다가 집을 나갈 때 다시 집주인에게서 돈을 돌려받는 제도입니다. 통상 2년의 계약 기간이 끝나면 계약을 연장하거나 집주인에게 보증금을 돌려받고 이사를 나가야 하는데, 집주인이 이런저런 핑계로 보증금을 제대로 돌려주지 않는다면 세입자는 큰 피해를 입게 될 것입니다. 전세보증금이 적지 않은 금액인 만큼 세입자의 권리를 보장해 주기 위해 1981년에 생겨난 것이 바로 주택임대차보호법입니다. 이 법은 주거용 건물의 임대차에 관하여 민법에 대한 특례를 규정함으로써 국민 주거생활의 안정을 보장함을 목적으로 한다고 취지를 설명하고 있습니다.

주택임대차보호법의 내용은 간단히 말해 임대차계약을 한 사람을 대상으로 '전입신고'와 '확정일자'를 받으면 대항력*과 우선변제권**을 갖도록 하는 것입니다. 전세권 설정이 집주인의 동의를 받아야만 하는 것에 비해 손쉽게 자신의 대항력을 갖출 수 있게 해 준 것이지요. 대상은 주거용 건물이면 해당됩니다. 여기에서 주거용 건물이란, 실제 사람이 주거를 하고 있는 것입니다. 예를 들어 공장은 주거용 건물이 아니지만, 그 안에 자리를 마련하여 사람이 실제 주거를 하고 있었다면 이는 주택임대차보호법으로 보호를 받을 수 있습니다. 즉, 실제 건축허가에서 주거용 건물이 아니더라도, 실제 주된 용도가 주거용이 맞다면 보호를 해 준다는 것입니다.

★대항력
임차인이 집주인과 체결했던 부동산 계약 내용을 제삼자에게도 주장하고 버틸 수 있는 힘

★★우선변제권
경매 혹은 공매에서 임차인이 보증금을 우선적으로 변제받을 수 있는 권리

6주 만에 마스터하는 친절한 부동산 경매 과외

주택임대차보호법이 법인을 보호해 주는 경우

그런데 임대차보호법의 대상은 자연인이기 때문에 법인과 임대차계약을 맺었을 때에는 주택임대차보호대상이 아닙니다. 다만 예외가 있는데, 중소기업기본법의 규정상 중소기업에 해당하는 법인이 소속 직원의 주거용으로 주택을 임차한 후, 직원이 그 주택을 인도받아 주민등록을 마친 경우엔 주택임대차보호법의 보호를 받을 수 있습니다.

자세히 예를 들어 보면 한국토지주택공사법에 따른 '한국토지주택공사', 지방공기업법 제49조에 따라 주택사업을 목적으로 설립된 '지방공사'는 법인이지만, 대항력이 인정됩니다. (출처 - 주택임대차보호법 시행령) 또한 저소득층 주거생활안정을 목적으로 하는 법인의 경우도 보호가 되는 예외가 있으니, 법인을 임차인으로 임대차계약을 맺을 때에는 잘 살펴보길 바랍니다.

POINT

주택임대차보호법
- **자격:** 임대차계약을 한 자연인
- **내용:** 전입신고와 확정일자를 받은 임차인에게 대항력과 우선변제권을 부여한다.
- **대상:** 주거용 건물이 대상이며, 사실상의 용도를 기준으로 판단한다(등기, 건축허가 여부 등과 무관). 주된 용도가 주거용일 경우 주택임대차보호법이 적용된다.
  예) 옥탑 개조 후 임차, 공장 내 주거 등
- **예외:** 법인은 대상이 아니지만 주택도시기금을 재원으로 하여 저소득층 무주택자에게 주거생활 안정을 목적으로 전세임대주택을 지원하는 법인, 중소기업기본법의 규정상 중소기업에 해당하는 법인소속 직원의 주거용으로 주택을 임차한 후, 직원이 그 주택을 인도받아 주민등록을 마친 경우 주택임대차보호법의 대상이 된다. 이 경우 보호대상 법인 소속 직원이 이사+전입신고 후 대항력이 생긴다. 다른 직원으로 바뀌면 그 직원의 이사+전입신고 후 다음날 대항력이 생긴다(법인의 임대차계약과는 무관).

이사를 가더라도 대항력을 유지할 수 있다?

앞서 대항력은 전입과 점유가 조건이라고 했습니다. 그런데 상황에 따라 '점유'를 유지하기 어려운 경우도 있을 것입니다. 이사 계획이 있고, 이미 임대차계약일자도 끝났지만, 집주인이 보증금을 돌려주지 않았을 경우 임차인은 매우 난감하겠죠? 임차인이 새로운 집에 전입신고를 하면 기존 살던 집엔 자동 전출 처리가 됩니다. 그러면 대항력의 중요한 요건인 '전입+점유'가 사라지게 되면서 대항력도 사라지게 됩니다. 그렇다고 계획된 이사를 안 할 수 없으니, 이런 상황 때문에 생겨난 제도가 '임차권등기명령제도'입니다. 임차권등기를 신청하면 이전에 갖춘 대항력과 우선변제권을 그대로 유지시켜 주기 때문에 임차권등기 이후 이사를 가더라도 보증금을 우선하여 변제받을 수 있습니다. 등기부등본에 임대차계약 내용이 등기되기 때문에 안심하고 이사를 갈 수 있는 것이죠.

경매를 할 때 등기부등본에 임차권이 등기되어 있다면 여타 임차인이 있을 때의 권리분석과 동일하게 권리분석을 하면 됩니다. 임차권등기 내용의 전입신고날짜와 확정일자를 확인하고 말소기준권리보다 우선되는지 아닌지를 판단하고 인수, 배당 여부를 확인하면 됩니다. 이때 기준 날짜는 임차권등기날짜가 아닌 최초의 전입신고, 확정일자임에 주의하세요.

임차인 입장에서 임차인등기명령 신청 조건은 ① 임대차가 끝난 후 ② 보증금이 반환되지 않은 경우입니다. 임차인은 임차주택의 소재지를 관할하는 지방법원·지방법원지원 또는 시·군 법원에 임차권등기명령을 신청할 수 있습니다(주택임대차보호법 제3조 제1항). 계약기간의 만료로 임대차가 종료된 경우는 물론, 해지통고에 따라 임대차가 종료되거나 합의 해지된 경우에도 임차권등기명령을 신청할 수 있습니다.

임차권등기명령의 예시

홍길동은 2021년 1월 5일 전입신고, 이사(+확정일자 받음)를 왔습니다. 계약기간은 2년이었고, 2023년 1월 5일 임대차계약기간이 만료되어서 보증금을 돌려 달라 했지만, 돌려받지 못했습니다. 그래서 홍길동은 2023년 2월 임차권등기를 신청한 후 이사를 나갈 수 있었습니다. 이때 홍길동의 1월 6일 0시에 발생하는 대항력과 1월 6일 낮부터 갖게 되는 확정일자를 그대로 유지할 수 있습니다.

순위번호	등 기 목 적	접 수	등 기 원 인	권리자 및 기타사항
			의한 상속	⬛⬛⬛ ⬛⬛⬛ (일산동, 일신건영아파트)
4	주택임차권	2022년8월12일 제92946호	2022년7월12일 고양지원의 임차권등기명령 (2022카임5126)	임차보증금 금120,000,000원 범 위 건물 4층 112.47㎡ 중 별지 도면표시 ㄱ,ㄴ,ㄷ,ㄹ,ㄱ의 각점을 순차로 연결한 선내 (가)402호,33.33㎡부분 임대차계약일자 2017년1월14일 주민등록일자 2017년2월8일 점유개시일자 2017년2월8일 확정일자 2017년2월8일 임차권자 ⬛⬛⬛ ⬛⬛⬛⬛⬛⬛⬛ 경기도 고양시 덕양구 삼원로2길 14-1(삼송동 357-17) ⬛⬛ 도면 제2022-487호

등기부등본에 주택임차권이 표시되어 있는 모습

임차권등기를 한 후에도 집주인이 계속 보증금을 돌려주지 않는다면 보증금반환소송을 거쳐 임차인이 직접 경매를 신청할 수도 있습니다.

POINT

임차권등기명령제도

• 임대차계약기간이 끝난 후 보증금을 돌려받지 못했는데 이사를 나가야 할 때, 대항력과 우선변제권을 유지하기 위해 만들어진 제도

• 경매개시결정 전 임차권등기를 마친 임차인은 배당요구 없이도 배당을 받을 수 있다.

3

우선변제권이
누구에게 있는지 따져 보자

대항력과 함께 임대차 계약의 중요한 개념인 우선변제권을 알아봅시다. 임대차 계약을 할 때 전입신고를 하고, 확정일자를 받아야 한다는 이야기를 많이 들어 봤을 것입니다.

우선변제권이란 무엇일까

확정일자는 바로 '우선변제권'을 얻기 위한 조치인데요. 우선변제권은 주택임대차보호법상 임차인이 보증금을 우선적으로 변제받을 수 있는 권리로, 임차 주택이 경매, 공매로 부쳐졌을 때 임차인이 보증금을 우선적으로 배당받을 수 있는지 없는지를 결정하는 권리입니다. 그래서 확정일자를 빨리 받아야 한다고 말하는 것입니다.

확정일자를 받기 위해서는 임대차계약서와 신분증이 필요합니다. 임대차계약서와 신분증을 들고 관할 주민센터에 가면 계약서에 확인날짜가 적힌 도장을 찍어 줍니다. 확정일자를 받는 것은 이 임대차계약서 내용의 법률적인 증거력을 갖췄다는 뜻입니다. 요즘에는 주민센터 방문이 아니라 인터넷등기소에서 인터넷으로도 신고가 가능합니다. 그리고 현재는 임대차3법(2021년 6월 시행)으로 임대차 신고제가 시행되고 있습니다. 주거용 건물의 경우 보증금 6,000만 원 초과, 또는 월세 30만 원 초과일 경우 신고의무대상으로 계약 후 30일 이내 의무적으로 임대차계약 내용을 신고해야 하고, 이때 확정일자는 자동부여됩니다. 부동산 중개소를 통해 계약할 경우 부동산 사장님께서 임대차내용을 신고하면 확정일자를 자동부여받게 됩니다.

우선변제권의 성립 요건과 발생 시기

우선변제권의 성립 요건은 ① 대항력 요건을 갖추고 ② 확정일자를 갖출 것입니다. 발생 시기는 대항력이나 확정일자를 받은 날 중 늦은 때입니다. 중요한 것은, 우선변제권을 갖췄더라도 배당요구종기일 전에 배당요구*를 해야 한다는 것입니다. 배당요구(혹은 배당 신청)를 하지 않은 경우 임차인은 경매가 진행됐을 때 배당에서 제외되고 보증금을 돌려받을 수 없습니다.

★배당요구

경매 절차에 참가하여 매각된 부동산의 매각대금에서 자신이 받아야 할 보증금을 달라고 요구하는 것, 즉 배당을 신청하는 것을 말합니다.

Q. 우선변제권은 언제 생길까요?

① 전입신고(1월 2일)+점유(1월 2일)+확정일자(1월 2일)

② 전입신고(1월 2일)+점유(1월 2일)+확정일자(1월 3일)

③ 전입신고(3월 4일)+점유(3월 2일)+확정일자(3월 7일)

④ 전입신고(5월 14일)+점유(6월 1일)+확정일자(5월 14일)

A. 대항력(전입+점유 중 늦은 날 다음날 0시)과 확정일자 중 늦은 날에 생깁니다.

① 1월 3일 0시

→ 1월 3일 0시에 대항력의 효력이 발생됩니다. 우선변제권은 대항력이 전제되어야 하기 때
　문에 대항력이 생기는 1월 3일 0시부터 생깁니다.

② 1월 3일 낮

→ 대항력은 1월 3일 0시에 생겼고, 그 뒤에 확정일자를 받았기 때문에 바로 생깁니다.

③ 3월 7일 낮

→ 대항력이 3월 5일 0시에 생겼기 때문에 확정일자를 받은 그 순간 바로 우선변제권의 효력
　이 발생됩니다.

④ 6월 2일 0시

→ 전입신고와 확정일자를 빨리 받았지만, 주택의 인도를 늦게 받아 대항력이 6월 2일 0시에
　생겼습니다. 그렇기 때문에 우선변제권도 대항력이 생긴 그 이후에 생깁니다.

　자, 이해되셨나요? 대항력은 전입신고+점유의 다음날 0시에 발생되고, 우선변제권은 대항력과 확정일자를 받은 날 중 늦은 날에 생긴다고 기억해 두시길 바랍니다. 경매에서는 임차인의 대항력과 우선변제권이 다른 권리들보다

먼저 갖춰진 경우, 즉 말소기준권리보다 전입이 빠른 임차인을 대항력이 있는 선순위임차인이라고 합니다. 지금까지 대항력과 우선변제권에 대해서 알아보았으니, 이제 마지막으로 말소기준권리는 무엇인지 알아보도록 하겠습니다.

POINT

우선변제권

- **성립 요건**: 대항력+확정일자
  → 단, 임차인은 배당요구종기일까지 배당 신청을 해야만 배당을 받을 수 있음
- **발생 시기**: 전입과 확정일자 중 늦은 날

말소기준권리만 찾으면
반은 성공이다

경매의 꽃은 권리분석이라고들 합니다. 권리분석이 중요한 이유가 무엇일까요? 그것은 권리분석에 따라 낙찰자의 실제 매입가가 정해지기 때문입니다. 입찰자는 자신이 원하는 금액을 입찰표에 작성하여 제출합니다. 헌데 이 금액이 낙찰가의 전부가 아닐 수도 있습니다.

예를 들어 감정가 1억 원짜리 집을 7,000만 원에 낙찰을 받아서 좋아했는데, 알고 보니 그 안에 살고 있는 세입자의 전세 보증금 5,000만 원을 줘야 하는 상황이 있을 수 있습니다. 그럼 낙찰자는 결국 7,000만 원(입찰가)에 5,000만원(보증금)을 더해 총 1억 2,000만 원에 이 집을 산 셈이죠. 싸게 사려고 경매를한 것인데, 권리분석을 제대로 하지 못해 오히려 시세보다 더 비싸게 산 꼴이된 것입니다.

또 임차인을 당장 내보낼 수 없는 상황도 생길 수 있습니다. 내 소유의 집임에도 대항력이 있는 임차인이 있다면 내보낼 수도 없고, 보증금을 내 맘대로 정할 수 없습니다. 매도나 수익실현 등에도 제한이 생기는 것이죠. 이처럼 권리분석을 정확히 하지 않으면 예상보다 수익률이 낮아질 수도 있고, 재산권 행사를 자유롭게 하지 못할 수도 있습니다. 수익률과 재산권 행사에 직접적인 영향을 주는 만큼 매우 중요한 단계입니다.

7개의 단어만 기억하자

말소기준권리는 말소, 즉 없어지는 기준이 되는 권리입니다. 등기부등본을 보시면 권리들이 날짜 순으로 줄 서 있는 것을 확인할 수 있습니다. 그중 저당권, 근저당권, 압류, 가압류, 담보가등기, 경매기입등기, 전세권이 말소기준권리가 될 수 있는 권리들입니다. 이 단어들이 등기부등본에서 보이면 그중 가장

▶집합건물등기부등본					집합건물등기
접수일	등기구분		등기권리자	금액	비고
2011-11-09	소유권이전			991,360,000	전소유자:송도국제도시개발(유) 매매(2008.01.17)
2011-11-09	근저당권	말소		705,600,000	말소기준권리
2012-03-23	근저당권	말소		583,500,000	
2012-03-27	소유가등	말소			매매(2012.03.26)
2020-11-25	근저당권	말소		55,000,000	
2021-07-05	가압류	말소		146,000,000	인천지법 2021카단103953
2021-11-12	가압류	말소		7,652,056	인천지법 2021카단106850
2021-11-19	가압류	말소		30,040,333	인천지법 2021카단1953
2021-11-29	압류	말소			
2022-01-24	임의경매	말소		청구금액 593,703,318	2022타경861
2022-04-28	강제경매	말소			2022타경1635
2022-05-04	압류	말소			
(등기부채권총액 : 1,527,792,389 / 열람일 : 2022.11.10)					

날짜가 빠른 것이 '말소기준권리'가 되고, 말소기준권리를 포함한 그 이후 권리들은 소멸된다고 생각하면 됩니다. 소멸된 권리는 인수자에게 아무런 영향을 주지 못합니다.

앞의 표는 등기부등본을 날짜 순으로 정리한 것입니다. 등기부등본에서 가장 빠른 근저당권(2011.11.09.)이 말소기준권리입니다. 경매가 진행되면 해당 물건에 설정된 근저당권, 가압류 등의 권리들은 어떻게 정리될까요?

권리의 말소 여부만 확인한다

최저입찰가를 기준으로 계산한 예상배당표를 봅시다.

◉예상배당표

임차인 배당기준표　주택임대차 소액보증금 범위　상가임대차 소액보증금 범위　태인권리분석

☞ 최저경매가 및 등기부상의 설정금액을 기준으로 작성이 되고 있으므로 입찰금액이 높아지거나 실 채권액이 설정금액보다 적을 경우에는 배당금액의 변경으로 인해 인수여부 및 인수금액 등에 변화가 생길 수 있습니다. 입찰금액 또는 등기부상 채권금액의 수정 및 그에 따른 예상배당표의 재작성은 태인권리분석의 '정보수정후분석' 기능을 이용하시기 바랍니다.

* 입찰가정가 : 14억 7840만원 (최저경매가기준)　　　　　　　　　　　　　　　　　　단위 : 만원

권리	권리자	등기/확정일	전입/사업	채권액	채권배당금	미수금	인수여부	비고
법원경비	법 원	-	-	-	680	0		
압류	연수구	2021-11-29	-	체납상당액	교부청구액	0	말소	보기
압류	인천세무서장	2022-05-04	-	체납상당액	교부청구액	0	말소	보기
근저	신한은행	2011-11-09	-	7억 560	7억 560	0	말소	말소기준권리
근저	▨▨▨	2012-03-23	-	5억 8350	5억 8350	0	말소	
소유가등	▨▨▨	2012-03-27	-	-	0	0	말소	-
근저	도화동신협	2020-11-25	-	5,500	5,500	0	말소	-
가압	▨▨▨	2021-07-05	-	1억 4600	1억 133	4,466	말소	-
가압	신한카드	2021-11-12	-	765	531	234	말소	-
가압	도화동신협	2021-11-19	-	3,004	2,085	918	말소	-
임의	신한은행(여신관리부)	2022-01-24	-	-	-	-	말소	-
강제	▨▨▨▨▨▨	2022-04-28	-	-	0	0	말소	-
임차인	▨▨▨	-	2018-09-28	0	0	0	말소	-
합 계				15억 2779	14억 7840	5,619		

법원이 가장 먼저 경매 비용을 가져갑니다. 그 다음으로는 당해세가 낙찰 대금에서 차감됩니다. 다른 채권자들은 권리 순서에 따라 법원에서 배당을 받아가게 되는데요, 171쪽의 배당표를 보면 말소기준권리인 근저당권을 포함하여 아래 권리들이 모두 말소됨을 알 수 있습니다(인수여부란에 모두 '말소'라고 표시). 즉, 낙찰을 받으면 모든 권리가 말소되어 낙찰자 손에는 아주 깨끗해진 등기부등본이 오게 된다는 의미입니다. 이런 물건을 권리관계가 매우 깨끗한 물건이라고 말합니다.

171쪽의 배당표에 따라 낙찰가를 14억 7,840만 원으로 가정해 보면 낙찰대금이 총 채권액인 15억 2,779만 원보다 적습니다. 그래서 자신이 빌려준 돈을 다 받지 못하는 채권자들이 나왔습니다(미수금 부분). 이것을 보고 문제가 있는 물건은 아닌지 걱정하실 수도 있지만, 채권회수를 다 못한 채권자들은 추후에 따로 채무자(보통은 집주인)의 다른 재산에 청구를 하면서 추가적인 채권회수 활동을 할 수도 있고, 포기할 수도 있습니다. 입찰자는 채권자들이 얼마를 받아가든, 또는 미처 다 못 받아가는 채권자들이 있든, '말소' 여부만 확인해서 다 말소가 되는지만 확인하면 됩니다.

POINT

- **말소기준권리**
  등기부등본에서 말소의 기준이 되는 권리로 다음 7가지 권리 중 날짜가 가장 빠른 것

- **7가지 말소기준권리**
  - 저당권   · 근저당권   · 압류   · 가압류   · 담보가등기
  - 경매기입등기(경매가 진행됨을 기재한 것)   · 전세권

  → 단, 전세권이 말소기준권리가 되기 위해서는 ① 전세권이 선순위여야 한다. ② 건물 전체에 전세권이 설정되어 있어야 한다. ③ 전세권자가 배당 요구를 하거나 경매를 신청해야 한다.

전세권이란 무엇일까

민법 제303조 제1항에 따르면 전세권이란 전세금을 지급하고 타인의 부동산을 점유해 그 부동산의 용도에 좇아 사용·수익하며, 그 부동산 전부에 대해 후순위권리자 기타 채권자보다 전세금의 우선변제를 받을 권리를 말합니다.

집주인의 동의를 받아 등기부등본에 전세권 설정을 해두면, 제삼자에게 임차인이 있음을 알릴 수 있고 임차인의 권리도 명확하게 주장할 수 있게 됩니다. 보통 전입신고를 하면 등기부등본에는 표시가 안 되지만, 전세권인 경우에는 등기부등본에 아래 사진처럼 표시됩니다.

전세권이 설정되면 임차인은 집주인(전세권 설정자)의 동의 없이 양도, 임대, 전세(전전세)를 할 수 있고, 집주인이 전세금 반환을 지체할 때에 전세권자는 전셋돈을 받아 내기 위하여 경매를 청구할 수도 있다는 것입니다. 경매사이트에서 전세권자인 임대인이 보증금을 돌려받지 못해 경매를 청구한 사례들을 자주 볼 수 있습니다.

이처럼 전세권 설정은 임차인이 할 수 있는 가장 강력한 조치이지만, 전세보증금이 시세보다 높거나 비슷한 경우(깡통전세) 보증금 피해를 피할 수는 없습니다. 경매의 특성상 낙찰가는 시세보다 낮을 수밖에 없기 때문입니다.

	기말소			
4	전세권설정	2019년11월1일 제169140호	2019년11월1일 설정계약	전세금 금200,000,000원 법 원 건물의 전부 존속기간 2019년 11월 1일부터 2021년 10월 31일 까지 전세권자 ███ ████████ 서울특별시 관악구 봉천로 303-5, 204호 (봉천동)

등기부등본에 전세권 설정이 된 모습. 설정일, 전세금과 임차기한, 임차인의 내용이 정확히 작성되어 있다.

전세권이 말소기준권리가 되려면

앞서 말소기준권리 중 하나가 전세권이었습니다. 그런데 모든 전세권이 말소기준권리가 되는 것은 아니고, 말소기준권리가 되기 위해서는 조건이 필요합니다.

① 선순위여야 합니다.

② 건물 점유 부분 전체에 전세권이 설정되어 있어야 합니다. (173쪽 등기부등본에 표시된 부분)

③ 전세권자가 배당요구를 했거나 경매를 신청했을 경우입니다.

서 울 중 앙 지 방 법 원

2021타경4575

매각물건명세서

사 건	2021타경4575 부동산임의경매		매각 물건번호	1	작성 일자	2022.11.07	담임법관 (사법보좌관)		
부동산 및 감정평가액 최저매각가격의 표시	별지기재와 같음		최선순위 설정		2017.11.03.전세권		배당요구종기	2022.02.04	

부동산의 점유자와 점유의 권원, 점유할 수 있는 기간, 차임 또는 보증금에 관한 관계인의 진술 및 임차인이 있는 경우 배당요구 여부와 그 일자, 전입신고일자 또는 사업자등록신청일자와 확정일자의 유무와 그 일자

점유자 성 명	점유 부분	정보출처 구 분	점유의 권 원	임대차기간 (점유기간)	보 증 금	차 임	전입신고 일자, 사업자등록 신청일자	확정일자	배당 요구여부 (배당요구일자)
●●●	701호	현황조사	주거 임차인				2017.12.28	미상	
●●● ●●●	건물의 전부	등기사항 전부증명 서	주거 전세권자	2017.11.03.~2 021.11.02.	280,000,000				

〈비고〉
●●●● ●●●●●:이 사건 신청채권자임(2022.02.04.자 배당요구신청)

※ 최선순위 설정일자보다 대항요건을 먼저 갖춘 주택·상가건물 임차인의 임차보증금은 매수인에게 인수되는 경우가 발생 할 수 있고, 대항력과 우선변제권이 있는 주택·상가건물 임차인이 배당요구를 하였을 경우 보증금 전액에 관하여 배당을 받지 아니한 경우에는 배당받지 못한 잔액이 매수인에게 인수되게 됨을 주의하시기 바랍니다.

등기된 부동산에 관한 권리 또는 가처분으로 매각으로 그 효력이 소멸되지 아니하는 것

전세권이 말소기준권리인 사례

위 세 가지 조건을 충족하는 전세권은 말소기준권리가 됩니다. 전세권의 설정 날짜는 등기부등본과 매각물건명세서에서 확인할 수 있습니다.

위 매각물건명세서를 보면 최선순위설정, 즉 이 건의 말소기준권리가 전세권(2017.11.03.)이라고 적혀 있습니다. 전세권이 말소기준권리가 되려면 전세권자가 경매를 신청하거나 배당요구를 해야 한다고 했습니다. 경매집행에 참가하여 변제를 받기 위해서는 집행관의 압류금액, 매각 대금 등에 대하여 배당을 요구해야 하는데, 반드시 배당요구종기일 전에 신청하여야 합니다.

그런데 위 매각물건명세서를 보면 배당요구여부란이 공란입니다. 배당요구신청을 하지 않았다는 뜻입니다. 하지만 비고란을 보면 '이 사건 신청채권자임'이라고 적혀 있습니다. 즉, 이 부동산에 대해 경매를 신청한 사람이라는 것입니다. 경매로 건물을 처분해서 돈을 돌려달라는 뜻이 포함되어 있는 것이니 배당 신청을 한 것으로 봅니다. 만약 배당요구종기일 이후에 배당 신청을 했다면 이는 배당요구를 하지 않은 것으로 판단합니다. 그렇기 때문에 매각물건명세서에서 배당요구여부에 날짜가 적혀 있더라도 그 날짜가 배당요구종기일 날짜 이내인지를 꼭 확인해야 하겠습니다.

일부에서는 시세에 가까운 전세금을 설정해 놓고(깡통주택), 임차인을 유치하기 위해 집주인이 전세권 설정에 적극적인 상황도 있습니다. 이 경우 전세권을 설정했다고 해서 꼭 임차인의 보증금이 안전한 것은 아닙니다. 그 이유는 뒤에 다양한 전세권의 사례 권리분석을 통해 자세히 알아보겠습니다.

경매가 쉬워지는 실전 노하우

전세권 권리분석

전세권이 설정된 집의 경매 흐름을 살펴보도록 하겠습니다. 이런 경우는 경매에서 아주 흔하게 나오는 경우이기 때문에 잘 기억해 두시길 바랍니다.

1. 말소기준권리가 된 전세권 사례

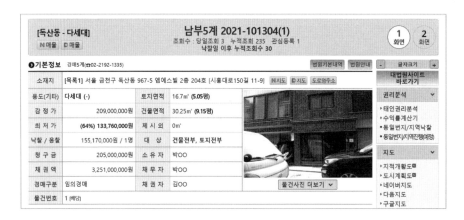

경매로 나온 다세대 주택, 흔히 말하는 빌라 물건입니다. 감정가는 2억 900만 원입니다.

서 울 남 부 지 방 법 원

2021타경101304

매각물건명세서

사 건	2021타경101304 부동산임의경매	매각 물건번호	1	작성 일자	2021.08.31	담임법관 (사법보좌관)	●●●	(인)
부동산 및 감정평가액 최저매각가격의 표시	별지기재와 같음	최선순위 설정	2019. 1. 31. 전세권			배당요구종기	2021.05.10	

부동산의 점유자와 점유의 권원, 점유할 수 있는 기간, 차임 또는 보증금에 관한 관계인의 진술 및 임차인이 있는 경우 배당요구 여부와 그 일자, 전입신고일자 또는 사업자등록신청일자와 확정일자의 유무와 그 일자

점유자 성 명	점유 부분	정보출처 구 분	점유의 권 원	임대차기간 (점유기간)	보증금	차임	전입신고 일자, 사업자등록 신청일자	확정일자	배당 요구여부 (배당요구일자)
●●●	전부	등기사항 전부증명 서	주거 전세권자	2019.01.31.- 2021.01.30.	205,000,000				2021.02.04

〈비고〉
●●●:전세권자 ●●●은 임의경매신청 채권자임. 배당요구 일자는 경매신청일임.

※ 최선순위 설정일자보다 대항요건을 먼저 갖춘 주택·상가건물 임차인의 임차보증금은 매수인에게 인수되는 경우가 발생 할 수 있고, 대항력과 우선변제권이 있는 주택·상가건물 임차인이 배당요구를 하였으나 보증금 전액에 관하여 배당을 받지 아니한 경우에는 배당받지 못한 잔액이 매수인에게 인수되게 됨을 주의하시기 바랍니다.

등기된 부동산에 관한 권리 또는 가처분으로 매각으로 그 효력이 소멸되지 아니하는 것

매각에 따라 설정된 것으로 보는 지상권의 개요

비고란
공부상 용도가 사무소이나 주거용으로 이용중임(감정서 참조)

매각물건명세서를 살펴보니, 말소기준권리는(최선순위설정) 전세권(2019. 1. 31.)이라고 적혀 있습니다. 현재 점유자는 김○○이고, 보증금은 2억 500만 원이라고 표시되어 있습니다. 〈비고〉란을 보면 '전세권자 김○○은 임의경매신청 채권자임. 배당요구 일자는 경매신청일임.'이라고 적혀 있습니다. 세입자인 김○○이 전세권을 설정해서 살고 있었다가 전세기간 만기가 되었는데, 보증금을 돌려받지 못해 경매를 신청한 건입니다. 앞서서 전세권이 말소기준권리가 되기 위해서는 ① 가장 빠른 날짜로 등기되어 있을 것 ② 건물 전체에 설정되어 있을 것 ③ 배당 신청이나 경매신청을 함인데 이 모두에 해당이 됩니다. 그럼 전세권이 말소기준권리가 되면 어떻게 배당이 되나 확인해 볼까요?

▶예상배당표   임차인 배당기준표   주택임대차 소액보증금 범위   상가임대차 소액보증금 범위   대인권리분석

* 입찰가정가 : 1억 5517만원 (낙찰가기준)   단위: 만원

권리	권리자	등기/확정일	전입/사업	채권액	채권배당금	미수금	인수여부	비고
법원경비	법 원	-	-	-	301	0	-	-
전세권	김○○	2019-01-31	-	2억 500	1억 5215	5,284	말소	말소기준권리
가압	주 ○○○○○○○○○○○○○○	2020-11-03	-	30억 4600	0	30억 4600	말소	-
임의	김○○	2021-02-05	-	-	-	-	말소	-
합 계				32억 5100	1억 5517	30억 9884		

낙찰가로 계산된 예상 배당표입니다. 전세권이 말소기준권리이기 때문에 낙찰 후 전세권을 포함하여 모든 권리들이 말소가 됩니다. 법원경비를 제하고, 전세권이 다음 순서인데, 낙찰가가 보증금에 못 미쳐서 전세금 2억 500만 원 중 1억 5,215만 원만 배당받게 되었고, 5,284만 원은 미수금으로 임차인은 피해를 보게 되었습니다.

전세권은 세입자 입장에서 자신의 재산을 지키기 위한 아주 강력한 조치수단임은 분명합니다. 이 임차인의 경우에도 계약 전 등기부등본을 확인해서 자신보다 앞선 권리가 없는 것을 확인했을 것이고, 1순위로 전세권을 설정해 두었습니다. 안전조치를 다 했다고 생각했겠지만 전세금이 시세와 비슷했고, 경매에서는 시세보다 더 싸게 낙찰받으려고 하기 때문에 결국 보증금의 일부 피해를 피하지 못하는 것입니다. 이렇듯 전세보증금이 시세와 별 차이가 없는 깡통전세일 경우 집주인이 보증금을 반환해 주지 않고, 경매로 넘어가면 결국 그 피해는 임차인의 몫이 되는 경우가 많습니다.

❱기일내역

기일종류	기일	상태	최저매각가격(%)	경과일
입찰변경	2022.01.27	배당		358일
납부일	2022.01.27	납부		358일
허가일	2021.12.15	허가		315일
3차매각	2021.12.08	낙찰	133,760,000원(64%) 155,170,000원 (74.24%) 김OO / 응찰 1명	308일
2차매각	2021.11.03	유찰	167,200,000원(80%)	273일
1차매각	2021.09.29	유찰	209,000,000원(100%)	238일

낙찰 결과를 살펴보면 임차인 김○○이 직접 입찰에 참여한 것을 알 수 있습니다. 보증금을 돌려받지 못한 임차인은 자신의 재산권 행사를 위해 전세권으로 경매를 진행시켰습니다. 하지만 계속 유찰이 되었고, 유찰이 지속되면 자신의 전세금 피해가 더 커지기 때문에 결국 본인이 입찰에 참여해서 단독으로 낙찰을 받았습니다. 결국 자신의 전세보증금에서 경매 비용, 지연이자, 당해세 등을 더한 가격으로 이 집을 매수하게 된 것입니다. 경매 비용도 내고, 원치 않은 집을 갑자기 사게 되었지만, 이렇게라도 하는 것이 그나마 피해를 줄일 수 있는 길입니다. 이렇게 권리들을 정리하여 자신의 소유로 만든 후에야 일반 부동산시장에서 매도를 시도할 수 있을 것입니다.

위 상황에서 보증금을 배당받고자 했던 임차인이 직접 낙찰을 받았으니, 자신이 치를 잔금으로 배당을 받는 상황이 되었습니다. 자신이 받을 돈을 자신의 돈으로 내는 상황이기 때문에 이 경우 채권상계를 신청할 수 있습니다. 채권상계는 위 경우처럼 채권과 채무를 같은 금액에서 소멸시키는 것을 말합니다. 신청은 [법원경매정보사이트–경매지식–경매서식–채권상계신청서]에서 신청서를 다운받아 이용할 수 있습니다.

■ 채권상계신청서

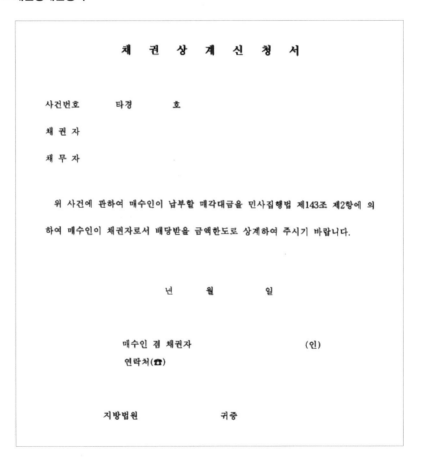

이런 경우는 경매에서도 비교적 흔한 경우입니다. 빌라는 분양이 잘 되지 않기 때문에 일단 전세세입자를 시세와 비슷한 가격으로 들인 후, 경매를 통해 떠넘기는 식으로 결국 임차인에게 매도를 하는 경우가 종종 있습니다. 그렇기 때문에 새 빌라에 전세로 들어갈 때에는 정확한 시세를 파악하는 일이 무엇보다 중요합니다.

2. 선순위전세권의 권리분석

전세권이 말소기준권리가 아니고, 다른 말소기준권리보다 전세권의 날짜가 빠를 경우 이를 선순위전세권이라고 합니다. 사례를 살펴보겠습니다.

이 물건은 감정가 2억 3,600만 원의 다세대 주택입니다.

매각물건명세서

사 건	2021타경54551 부동산강제경매	매각 물건번호	1	작성 일자	2022.08.12	담임법관 (사법보좌관)		
부동산 및 감정평가액 최저매각가격의 표시	별지기재와 같음	최선순위 설정		2021.08.12.경매개시결 정		배당요구종기	2021.10.28	

부동산의 점유자와 점유의 권원, 점유할 수 있는 기간, 차임 또는 보증금에 관한 관계인의 진술 및 임차인이 있는 경우 배당요구 여부와 그 일자, 전입신고일자 또는 사업자등록신청일자와 확정일자의 유무와 그 일자

점유자 성 명	점유 부분	정보출처 구 분	점유의 권 원	임대차기간 (점유기간)	보 증 금	차 임	전입신고 일자, 사업자등록 신청일자	확정일자	배당 요구여부 (배당요구일자)
ㅇㅇㅇ	304호	현황조사	주거 임차인					2021.04.22	

〈비고〉
ㅇㅇㅇ:전세권자임

※ 최선순위 설정일자보다 대항요건을 먼저 갖춘 주택·상가건물 임차인의 임차보증금은 매수인에게 인수되는 경우가 발생 할 수 있고, 대항력과 우선변제권이 있는 주택·상가건물 임차인이 배당요구를 하였으나 보증금 전액에 관하여 배당을 받지 아니한 경우에는 배당받지 못한 잔액이 매수인에게 인수되게 됨을 주의하시기 바랍니다.

등기된 부동산에 관한 권리 또는 가처분으로 매각으로 그 효력이 소멸되지 아니하는 것

을구 순위1번 전세권설정등기(2021.04.27.등기)는 말소되지않고 매수인에게 인수됨

매각에 따라 설정된 것으로 보는 지상권의 개요

비고란

주1 : 매각목적물에서 제외되는 미등기건물 등이 있을 경우에는 그 취지를 명확히 기재한다.
 2 : 매각으로 소멸되는 가등기담보권, 가압류, 전세권의 등기일자가 최선순위 저당권등기일자보다 빠른 경우에는 그 등기일자를 ...

매각물건명세서를 살펴보면 말소기준권리는 경매개시결정(2021.08.12.)이고, 임차인 이○○의 전입신고일은 2021년 4월 22일로 말소기준보다 빠릅니다. 우리는 이를 대항력을 갖춘 '선순위임차인', '선순위전세권자'라고 합니다. 하지만 현황조사상으로는 확정일자를 받은 것은 확인이 되지 않았고, 배당요구여부란이 비어 있으므로 배당 신청을 하지 않았음을 알 수 있습니다.

【 을　　구 】　(소유권 이외의 권리에 관한 사항)				
순위번호	등 기 목 적	접 　수	등 기 원 인	권리자 및 기타사항
1	전세권설정	2021년4월27일 제61277호	2021년3월29일 설정계약	전세금　금228,000,000원 범　위　주거용 건물의 전부 존속기간　2021년 04월 21일부터 2023년 04월 20까지 전세권자　ㅇㅇㅇ　ㅇㅇㅇㅇㅇ-ㅇㅇㅇㅇㅇㅇㅇ 　　　경기도 수원시 장안구 창룡대로 155-4(연무동)
1-1				1번 등기는 건물만에 관한 것임 2021년4월27일　부기

등기부등본을 살펴보니, 전세권이 설정되어 있고, 매각물건명세서의 〈비고〉란에도 이 내용이 적혀 있습니다. 이 임차인은 '선순위전세권자'입니다. 이 경우 세입자는 대항력이 있기 때문에 남은 계약기간 동안 동일한 전세보증금으로 집에서 살 수 있습니다. 그리고 계약이 끝날 때에 새로운 집주인(낙찰자)에게 보증금을 요구할 수 있습니다. 배당 신청을 하지 않은 것은 지금은 배당받지 않고 추후 임대차계약이 종결될 때 새로운 집주인에게 보증금을 돌려받겠다는 뜻으로 해석할 수 있습니다. 따라서 입찰할 때 나중에 돌려줄 금액을 정확히 인지한 상태에서 이를 입찰가에 반영해야 합니다.

최저입찰가로 낙찰되었다고 가정한 예상배당표를 보면 말소기준권리 앞으로 전세권이 설정되어 있고, 임차인 이○○의 보증금은 '인수'라고 적혀 있습니다. 말소기준권리와 말소기준권리보다 느린 권리들은 모두 소멸되지만, 전세권은 말소기준권리보다 순위가 앞서 있기 때문에 그대로 낙찰자에게 인수됩니다. 대항력 있는 세입자는 제삼자에게 자신의 임대차계약 내용을 주장할 수 있는 것이죠. 임대계약 기한이 남아 있을 경우 그 기한까지 살 수 있는 권리가 있고, 계약한 보증금으로 살 수 있는 권리를 가집니다. 계약이 종료될 때 새로운 집주인에게 돈을 돌려받을 수 있는 것이고요. 정리하면 경매에서 선순위전세권은 낙찰자가 '인수'해야 합니다.

이 사건의 경우 선순위전세권자가 배당 신청을 하지 않았지만, 만약 선순위전세권자가 배당 신청을 했다면 어떻게 되는 것일까요? 낙찰가가 충분하다면 그 안에서 전액 배당을 받게 되겠지만, 만약 낙찰가가 부족해서 미수금이 남아 있다면 그 금액에 대해서는 낙찰자가 '인수'해야 합니다. 낙찰자가 추가로 줘야 하는 것이지요. 즉, 선순위전세권인 임차인의 경우 낙찰금에서 배당받든, 추후 낙찰자에게 돌려받든 보증금을 다 받을 수 있습니다. 따라서 이런 물건은 유찰이 거듭되는 것과 상관없이 결국엔 경매비용+선순위전세권자의 전세보증금+@의 금액이 최종 매입가가 됩니다. 따라서 선순위전세권, 인수해야 하는 금액이 있는 임차인의 물건은 낙찰자가 부담해야 하는 총 금액을 정확하게 확인하는 것이 무엇보다 중요합니다.

문제는 경매의 경우 시세 대비 더 싸게 낙찰받는 것이 목적인데, 시세와 비슷한 전세보증금이 들어 있고, 이를 '인수'해야 하는 상황의 물건이라면 매력이 없다는 것입니다. 부동산 시황, 지역 상황에 따라 다르지만, 빌라는 주로 감정가 대비 70~90% 수준에서 낙찰되는 경우가 많습니다. 이처럼 시세보다 더 싸게 빌라를 매입할 수 있는 기회가 많은데, 굳이 시세와 비슷한 전세금을 인수해야 하는 집을 낙찰받으려고 하지 않습니다. 그래서 이런 물건의 경우 입찰이 잘 이뤄지지 않고 계속 유찰이 됩니다. 경매 사이트를 둘러보다 보면 유찰이 3회 이상 거듭되어 감정가 대비 많이 떨어져 있는 사건들이 많이 보이는데, 대부분 이렇게 인수해야 하는 보증금이 있고, 그 돈이 시세와 별 차이가 없는 경우가 대부분입니다.

POINT

- 선순위전세권 → 인수!
- 전세권자가 말소기준권리라면 → 전세권은 소멸!

추가적으로 실제 거의 없는 사례이지만, 만약 후순위로 전세권이 설정되어 있는 경우이고, 배당 신청을 했다면 배당 순서에 따라 배당을 받게 될 것이고, 보증금을 다 돌려받지 못하더라도 낙찰자는 보증금을 인수할 의무가 없습니다. 대항력이 없기 때문에 새로운 낙찰자에게 집을 비워줘야 합니다.

말소기준권리 뒤임에도 소멸되지 않는 권리

앞서 말소기준권리 7가지를 배웠습니다. 그리고 이를 포함하여 뒤에 위치한 권리들은 낙찰을 받게 되면 다 소멸된다고 말씀드렸어요. 이를 소멸주의라고 합니다. 그래서 대부분의 경매에서는 말소기준권리를 찾고, 그 뒤는 소멸된다고 생각하고 낙찰을 받으면 깨끗하게 정리된 등기부등본을 받을 수 있게 됩니다. 하지만, 어디든 예외가 있듯 말소기준권리보다 뒤에 위치해 있음에도 소멸되지 않는 권리들이 있습니다. 권리분석은 낙찰자가 인수받는 권리나 돈이 있는지 확인하는 것이라고 했는데, 소멸되지 않고 낙찰자가 고스란히 떠안는 권리들이 있다니, 이는 반드시 기억해야 할 중요한 내용들이겠지요? 말소기준권리와 상관없이 소멸되지 않는 권리들은 예고등기, 가처분등기, 유치권, 지상권, 선순위가등기, 대지권미등기 등이 있습니다.

위의 단어들이 보이면 날짜가 말소기준권리 뒤에 있더라도 소멸되지 않는다고 생각하고, 주의를 하서야 합니다. 이런 권리들이 있는 경매물건을 특수물 건이라고 하는데, 아무래도 이런 권리들이 표시되어 있는 물건의 경우 쉽게 접 근하기 어렵기 때문에 유찰이 반복됩니다. 특수물건들 중에서 해결이 가능한 물건들을 찾아내어 도전하는 경매 고수들도 있습니다. 지금은 기본 개념과 함 께 쉽게 이해할 수 있는 간단한 예시만 설명하겠습니다. 추후 경매 경험이 쌓 이면 어려운 권리들이 얽혀 있는 물건들 중 해결이 가능한 것들을 찾아내어 도 전해 보길 바랍니다.

예고등기

등기 자체에 문제가 있다고 알리는 법원의 경고입니다. 예고등기의 종류에 따라 낙찰을 받더라도 소송 결과에 따라 소유권을 얻지 못할 수도 있어 입찰에 주의를 해야 합니다.

가처분등기

가처분등기는 매수자가 부동산을 취득하거나 남에게 빌려준 부동산을 돌 려받아야 하는 상황에서, 매도인(판매자)이 매수인(구매자)의 부동산 인수가 완 료되기도 전에 다른 사람에게 해당 부동산을 팔아버리는 경우를 대비하는 조 치입니다. 관할 법원에 가등기 가처분명령신청을 하여 부동산을 판 사람이 해 당 부동산을 다시 처분하지 못하도록 등기부등본에 금지사항을 써놓습니다.

	22번압류 등기말소			
26	가처분	2018년7월25일 제137762호	2018년7월25일 서울중앙지방법원의 가처분결정 (2018카합21039)	피보전권리 토지 소유권에 기한 건물철거 청구권 채권사 주식회사 미시건설팅 124411-0202739 김포시 김포대로 831, 502호(사우동, 서울메디칼센터) 금지사항 매매, 증여, 전세권, 저당권, 임차권의 설정 기타일체의 처분행위 금지
27	가압류	2019년11월29일 제185485호	2019년11월29일 서울중앙지방법원의 가압류 결정 (2019카단8205538)	청구금액 금256,468,579 원 (채권자 서정현 156,468,579원 채권자 최영미 100,000,000원) 채권자 서정현 490820-******* 서울특별시 관악구 법원단지16길 18, 404호 (신림동) 최영미 800505-******* 서울특별시 관악구 법원단지16길 18, 101호 (신림동)
28	가압류	2020년1월8일 제3922호	2020년1월8일 서울중앙지방법원의 가압류 결정 (2019카단823020)	청구금액 금34,798,097 원 채권자 주식회사미지컨설팅 124411-0202739 경기도 김포시 김포대로 831, 502호(사우동,서울메디칼센터)
29	강제경매개시결정	2020년8월20일 제145711호	2020년8월20일 서울중앙지방법원의 강제경매개시결정 (2020타경107200)	채권자 주식회사미지컨설팅 124411-0202739 경기도 김포시 김포대로 831, 502호(사우동,서울메디칼센터)

가처분등기 예시 – 구체적인 가처분의 내용과 금지사항이 적혀 있다.

위 등기부등본을 보면 토지소유권에 기한 건물철거청구권 가처분이 등기부등본에 등재되어 있는 것이 보입니다. 이런 물건은 낙찰을 받았다고 하더라도 가처분이 소멸되지 않기 때문에 건물을 철거할 수 있는 일이 벌어집니다. 금지사항도 있기 때문에 가처분등기를 해결하지 못하면 자신의 재산권 행사에도 많은 제약이 있게 되겠지요. 입찰에 주의를 해야 합니다.

유치권

유치권자가 채권을 변제받을 때까지 그 물건이나 유가증권을 유치할 수 있는 권리입니다. 길을 걷다 유치권 현수막을 보신 적이 있지요? 쉬운 예시로는 공사 대금을 받아야 하는 업체가 돈을 받지 못해서 돈을 받을 때까지 부동산을 점유하는 것입니다. 점유권, 소유권, 지상권, 지역권, 전세권, 유치권, 질권, 저당권 등 특정한 물건을 직접 지배하여 이익을 얻을 수 있는 배타적 권리를 법률에서는 물권(物權)이라고 하는데요, 유치권과 같은 물권은 유치권자와 협상을 통해 해결해야 하기 때문에 임장 전에 해결 가능한 조건이 무엇인지를 확인해야 합니다. 때론 유치권자의 권리가 없음을 증명해서 해결하기도 합니다.

●주의사항		문건접수/송달내역 매각물건명세서
대법원공고		• (접수일:2018.11.19)유치권자 주OOO OOOOOO 권리(청구)신고 제출 **[매각물건명세서]** • 일괄매각(제시외 건물 포함) • 일반건축물대장상 위반건축물 표기 있음 • 2018. 11. 19. 주식회사 서진건설산업으로부터 공사대금 717,239,351원에 대하여 유치권신고서가 제출되었고, 유치권이 존재한다는 확정판결 있음(서울고등법원 2016나2078555) • 2018. 11. 01. 대한예수교장로회 성신제일교회로부터 서울남부지방법원 2011자249 소유권이전등기말소 등 사건의 화해조서정본이 제출됨(별지 참조) **[현황조사서]** • 목록 2. 대지로 보이나 정확한 면적, 위치, 경계 등은 별도의 확인을 요함
과 거 사 건		2012-20007(서울남부지방법원) / 2017-1940(서울남부지방법원)
관 련 사 건		서울남부지방법원 2019타기243 '개시결정이의' 내용보기 사건검색 서울남부지방법원 2021타기481 '개시결정이의' 내용보기 사건검색 서울남부지방법원 2022카정129 '신청사건' 내용보기 사건검색

경매 사이트에서 제공하는 현황조사 자료 - 유치권 행사 중임을 알 수 있다.

법정지상권

건물과 토지의 주인이 다른 상황에서, 토지만 경매로 나오는 경우가 있습니다. 이 경우 '법정지상권 성립여부 있음'이라고 매각물건명세서에 표시되어 있습니다. 남의 땅 위에 있는 건물일지라도 함부로 건물을 철거할 수 없다는 뜻입니다. 이런 물건은 낙찰 후 협상을 통해 건물주에게 토지사용료(지료)를 받는 경우가 많습니다.

2021-108781	[중앙7계] 서울 관악구 봉천동 885-16 가동 외 1개 목록 [건물 7.69m²][제시외 6m²][토지 11.2m²] 법정지상권, 지분경매, 선순위임차인 지적개황도 도시계획도 SMS 새창보기	단독주택 2023.01.12	123,748,760 63,359,000	유찰 (3회)		626 ☐
2022-402	[중앙3계] 서울 관악구 봉천동 62-55 [토지 93m²] 법정지상권, 도로인접 지적개황도 도시계획도 SMS 새창보기	대지 2023.01.10	1,934,400,000 1,547,520,000	유찰 (1회)	경매상담	241 ☐
2022-594	[중앙21계] 서울 중구 신당동 432-2012 [토지 96m²] 법정지상권, 정방형 지적개황도 도시계획도 SMS 새창보기	대지 2022.12.20	648,000,000 362,880,000	진행 (1회)	경매상담	286 ☐
2021-51833[2]	[동부4계] 서울 송파구 마천동 143-17 [토지 14m²] 법정지상권, 지분경매, 세장형 지적개황도 도시계획도 SMS 새창보기	대지 2022.12.19	142,800,000 91,392,000	진행 (2회)		256 ☐
2020-109329	[중앙2계] 서울 서초구 원지동 272-1 [토지 1,154m²] 법정지상권, 도로인접 지적개황도 도시계획도 SMS 새창보기	전 2022.12.15	1,200,160,000 960,128,000	진행 (1회)	경매상담	1,022 ☐
2021-2067	[중앙1계] 서울 종로구 숭인동 181-140 외 1개 목록 [토지 125.4m²] 법정지상권, 도로인접 지적개황도 도시계획도 SMS 새창보기	대지 2022.12.13	593,142,000 379,611,000	진행 (2회)		368 ☐
2021-3175[1]	[북부9계] 서울 성북구 안암동5가 160-29 [토지 155m²] 법정지상권, 지분경매, 완경사, 부정형 지적개황도 도시계획도 SMS 새창보기	종교용지 2022.12.13	897,450,000 574,368,000	진행 (2회)	경매상담	158 ☐

유료경매사이트에서 '법정지상권'으로 검색했을 때 나오는 화면

선순위가등기

사정이 있어서 본등기를 바로 할 수 없는 상황일 때 순위를 확보하기 위해 하는 예비등기입니다. 말소기준권리보다 빠른 선순위가등기의 경우 소멸되지 않으니, 주의를 해야 합니다.

대지권미등기

어떤 사유로(절차 미비 등) 대지지분이 미등기되어 있는 경우입니다. 예를 들어 신도시 아파트를 분양받은 사람이 사정으로 인해 분양대금을 내지 못하는 경우 대지권 등기가 이루어지지 않게 되고, 해당 아파트는 대지권미등기인 상태로 경매에 나오게 됩니다. 대지권미등기 사건의 경우 쉽게 해결되는 경우도 있지만, 해결되기까지 오랜 시간이 걸리거나 추가적으로 금액을 부담해야 하는 경우도 있기 때문에 이를 구별할 수 있는 공부와 경험이 필요합니다.

배당 순위를 알면
권리분석 결과가 달라진다

앞서 말소기준권리를 배웠고, 말소기준을 포함한 뒷 순서의 권리들은 모두 말소된다고 했습니다. 이를 '소멸주의'라고 한다고 했지요. 그리고 말소기준권리의 뒷 순서여도 말소되지 않는 예외 권리들도 살펴보았습니다. 낙찰자가 '인수'를 하거나 낙찰자의 재산에 영향을 미치는 것이기 때문에 매우 중요하고, 소멸되지 않는 권리가 있을 경우 일정 경험과 노하우가 쌓인 후에 도전하시라고 말씀드렸어요. 이번에 배울 것은 '새치기권리'입니다. 말소기준권리의 뒷 순서에 있더라도 새치기를 해 버리는 권리들이 있는데요. 그것은 무엇인지, 왜 그렇게 새치기를 허용하는지 알아봅시다.

1순위 - 경매비용

1순위로는 경매비용이 있습니다. 법원은 경매가 진행되느라 사용된 비용을 배당금에서 가장 먼저 가져갑니다. 이 비용은 모든 순위의 첫 번째로 배당됩니다.

❯ **예상배당표**
태인권리분석 보기 GO

☞ 최저경매가 및 등기부상의 설정금액을 기준으로 작성이 되고 있으므로 입찰금액이 높아지거나 실 채권액이 설정금액보다 적을 경우에는 배당금액의 변경으로 인해 인수여부 및 인수금액 등에 변화가 생길 수 있습니다. 입찰금액 또는 등기부상 채권금액의 수정 및 그에 따른 예상배당표의 재작성은 태인권리분석의 '정보수정후분석' 기능을 이용하시기 바랍니다. 바로가기

* 입찰가정가 : 7,741만원 (최저경매가기준)

단위 : 만원

권리	권리자	등기/확정일	전입/사업	채권액	채권배당금	미수금	인수여부	비고
법원경비	법 원	-	-	-	402	0	-	-
압류	서울특별시양천구	2020-03-18	-	체납상당액	교부청구액	0	말소	보기
임차인	▩▩▩	2017-09-06	2017-10-13	1억 9500	7,339	1억 2160	인수	배당요구 경매신청채권자
전세권	▩▩▩	2019-03-25	-	1억 9500	기배당	1억 2160	말소	말소기준권리 (동일채권)
강제	▩▩▩	2020-08-20	-	-	0	0	말소	-
가압	주택도시보증공사(서울 북부관리센터)	2020-09-29	-	100억 6100	0	100억 6100	말소	-
합 계				102억 5600	7,741	101억 8260		

2순위 – 임금채권과 소액임차인의 최우선변제금

순위와 상관없이 경매비용 다음으로 배당받는 것에는 임금채권과 소액임차인의 최우선변제금이 있습니다. 임금채권은 근로자의 임금을 말하는데요, 왜 은행의 대출보다 근로자의 임금을 먼저 보장해 주어야 하는지 김 사장님의 예를 들어 설명해 보겠습니다.

작은 회사를 운영하고 있는 김 사장님은 유일한 자산이었던 아파트를 담보로 대출을 받았습니다. 하지만 점점 회사 운영이 어려워졌고 대출 이자가 연체

되고 말았습니다. 은행에서 빚을 갚으라는 안내가 계속됐지만 김 사장님은 원금도, 이자도 갚지 못했고 담보물인 아파트는 결국 경매에 넘어가게 되었습니다. 직원들의 임금도 두 달이나 밀린 상태로 김 사장은 파산 직전입니다.

이런 상황에서 경매가 진행되면 은행의 채권은 1순위로 등기부등본에 등재되어 있기 때문에 채권 회수에 문제가 없을 것입니다. 하지만 직원들의 월급은 등기부등본에 기재하거나 대항력처럼 순위를 보전할 방법이 없습니다. 규칙에 따라 등기부등본에 기입된 순서대로 돈을 받아가는 것이 공정하다 할 수 있겠지만, 법에서는 근로자의 최저생활을 보장하고자 하는 공익적 차원에서 임금채권의 중요성을 인정하고 있습니다

따라서 위의 상황에서 법원은 임금채권 최우선변제금(임금채권 중 최근 3개월 임금과 퇴직금)을 은행보다 먼저 배당해 줍니다. 물론 배당받기 위해서는 사전에 못 받은 임금의 액수와 내용을 기입해서 배당 신청서를 제출해야 합니다.

소액임차인의 최우선변제금도 비슷한 의미를 갖고 있습니다. 주택을 임차한 사람 중 일정 금액 이하 보증금의 임차인을 '소액임차인'이라고 하고, 이들의 보증금 중 일정액을 다른 담보물권자보다 우선하여 변제받을 권리를 줍니다. 최소 생활을 유지할 수 있는 일정 금액을 우선적으로 보호해 줌으로써 세입자를 보호하기 위해 마련한 제도입니다. 소액임차인 범위에 속한다면 보증금의 일부 '최우선변제액'까지는 순위와 상관없이 먼저 배당받을 수 있습니다. 소액임차인의 보증금 기준과 최우선변제액은 다음의 표와 같습니다.

다만, 2022년 11월에 기존의 소액임차인 범위를 일괄 1,500만 원 상향 조정했고, 최우선변제금액도 500만 원 인상하는 임대차보호법 시행령 개정안 입법예고가 발표되었습니다. 따라서 개정안대로라면, 서울에서 최우선변제 대상

■ 주택임대차보호법에 따른 소액임차인의 최우선변제액

(2022년 12월 기준)

기준시점	지역	임차인 보증금 범위	보증금 중 일정액의 범위
1990. 2. 19.~	서울특별시, 직할시	2,000만 원 이하	700만 원
	기타 지역	1,500만 원 이하	500만 원
1995. 10. 19.~	특별시 및 광역시(군지역 제외)	3,000만 원 이하	1,200만 원
	기타 지역	2,000만 원 이하	800만 원
2001. 9. 15.~	수도권정비계획법에 의한 수도권 중 과밀억제권역	4,000만 원 이하	1,600만 원
	광역시(군지역과 인천광역시 지역 제외)	3,500만 원 이하	1,400만 원
	그 밖의 지역	3,000만 원 이하	1,200만 원
2008. 8. 21.~	수도권정비계획법에 따른 수도권 중 과밀억제권역	6,000만 원 이하	2,000만 원
	광역시(군지역과 인천광역시지역 제외)	5,000만 원 이하	1,700만 원
	그 밖의 지역	4,000만 원 이하	1,400만 원
2010. 7. 26.~	서울특별시	7,500만 원 이하	2,500만 원
	수도권정비계획법에 따른 과밀억제권역(서울특별시 제외)	6,500만 원 이하	2,200만 원
	광역시(수도권정비계획법에 따른 과밀억제권역에 포함된 지역과 군지역 제외), 안산시, 용인시, 김포시 및 광주시	5,500만 원 이하	1,900만 원
	그 밖의 지역	4,000만 원 이하	1,400만 원
2014. 1. 1.~	서울특별시	9,500만 원 이하	3,200만 원
	수도권정비계획법에 따른 과밀억제권역(서울특별시 제외)	8,000만 원 이하	2,700만 원
	광역시(수도권정비계획법에 따른 과밀억제권역에 포함된 지역과 군지역 제외), 안산시, 용인시, 김포시 및 광주시	6,000만 원 이하	2,000만 원

	그 밖의 지역	4,500만 원 이하	1,500만 원
	서울특별시	1억 원 이하	3,400만 원
2016. 3. 31.~	수도권정비계획법에 따른 과밀억제권역(서울특별시 제외)	8,000만 원 이하	2,700만 원
	광역시(수도권정비계획법에 따른 과밀억제권역에 포함된 지역과 군지역 제외), 세종특별자치시, 안산시, 용인시, 김포시 및 광주시	6,000만 원 이하	2,000만 원
	그 밖의 지역	5,000만 원 이하	1,700만 원
	서울특별시	1억 1천만 원 이하	3,700만 원
2018. 9. 18.~	수도권정비계획법에 따른 과밀억제권역(서울특별시 제외), 용인시, 세종특별자치시, 화성시	1억 원 이하	3,400만 원
	광역시(수도권정비계획법에 따른 과밀억제권역에 포함된 지역과 군지역 제외), 안산시, 김포시, 광주시 및 파주시	6,000만 원 이하	2,000만 원
	그 밖의 지역	5,000만 원 이하	1,700만 원
	서울특별시	1억 5천만 원 이하	5,000만 원
2021. 5. 11.~	수도권정비계획법에 따른 과밀억제권역(서울특별시 제외), 세종특별자치시, 용인시, 화성시 및 김포시	1억 3천만 원 이하	4,300만 원
	광역시(수도권정비계획법에 따른 과밀억제권역에 포함된 지역과 군지역 제외), 안산시, 광주시, 파주시, 이천시 및 평택시	7,000만 원 이하	2,300만 원
	그 밖의 지역	6,000만 원 이하	2,000만 원

출처 – 인터넷등기소 자료센터 '소액임차인의 범위 등 안내'

이 되는 전세보증금은 1억 6,500만 원 이하이고, 최우선변제금은 5,500만 원으로 올라가게 됩니다.

소액임차인 기준이 되는 금액은 기준일과 지역에 따라 차이가 있는데요. 기준일은 임차인의 임대차계약일이 아니라 집주인의 '담보물권 설정일'임을 기억해 주세요! 예를 들어 2023년 1월 1일부터 전세 1억 3,000만 원의 서울의 한 아파트를 계약해서 살기 시작한 임차인 홍길동이 있습니다. 이 사람은 소액임차인일까요, 아닐까요? 이를 알기 위해서는 이 집에 근저당권이 언제 설정되어 있는지 살펴보아야 합니다. 만약 등기부등본에 2018년 10월 1일에 은행 근저당권이 설정되어 있다면 이 집의 소액임차인 기준은 보증금 1억 1,000만 원이 됩니다. 따라서 홍길동은 소액임차인이 아니게 되고, 권리 순서에 맞춰 배당받게 됩니다. 만약 등기부등본에 집주인의 근저당권 설정일이 2021년 10월 1일이라면 홍길동은 소액임차인이 되고, 전세금 중 5,000만 원은 최우선변제금이 되어서 다른 권리들보다 앞서 배당받게 됩니다. 이때 임차인은 주택에 대한 경매신청의 등기 전에 대항요건을 갖추어야 하고, 경매신청할 때까지 점유가 유지되어야 하며, 배당요구를 해야 합니다.

은행은 소액임차인의 최우선변제금이 자신들의 순위보다 앞서 배당될 수 있다는 것을 알고 있기 때문에 미리 이 금액을 한도에서 제해서 대출을 해 줍니다. 소위 '방빼기'라고 하는 것이 바로 이 소액임차인의 최우선변제금을 대비하는 것입니다.

3순위 - 당해세

마지막 새치기 권리는 당해세입니다. 당해세는 해당 부동산에 부과된 국세(상속세, 증여세, 종합부동산세)와 지방세(재산세, 자동차세, 지역자원시설세, 지방교육세)를 말합니다. 세금은 국가를 유지하는 데 중요한 부분이고, 국민 생활에도 영향을 줍니다. 그렇기에 다른 채권보다 먼저 징수해 갈 수 있는 우선권을 가집니다. 입찰가를 정확히 계산하기 위해서 당해세를 파악하는 것도 중요합니다. 해당 세무서, 구청, 지방자치단체 또는 해당 경매계에 문의를 해서 세부 내역을 알아보고, 정확한 금액을 계산해 볼 수 있습니다.

❷ **예상배당표**   태인권리분석 보기 GO

☞ 최저경매가 및 등기부상의 설정금액을 기준으로 작성이 되고 있으므로 입찰금액이 높아지거나 실 채권액이 설정금액보다 적을 경우에는 배당금액의 변경으로 인해 인수여부 및 인수금액 등에 변화가 생길 수 있습니다. 입찰금액 또는 등기부상 채권금액의 수정 및 그에 따른 예상배당표의 재작성은 태인권리분석의 '정보수정후분석' 기능을 이용하시기 바랍니다. 바로가기

• 입찰가정가 : 7,741만원 (최저경매가기준)   단위: 만원

권리	권리자	등기/확정일	전입/사업	채권액	채권배당금	미수금	인수여부	비고
법원경비	법 원	-	-	-	402	0	-	-
압류	서울특별시양천구	2020-03-18	-	체납상당액	교부청구액	0	말소	보기
임차인	●●●●	2017-09-06	2017-10-13	1억 9500	7,339	1억 2160	인수	배당요구 경매신청채권자
전세권	●●●●	2019-03-25	-	1억 9500	기배당	1억 2160	말소	말소기준권리 (동일채권)
강제	●●●●	2020-08-20	-	-	0	0	말소	
가압	주택도시보증공사(서울 북부관리센터)	2020-09-29	-	100억 6100	0	100억 6100	말소	
합 계				102억 5600	7,741	101억 8260		

법원경비(권리자 법원)와 당해세(권리자 서울특별시양천구)가 우선적으로 배당됨을 알 수 있다.

POINT

새치기 권리

- 1순위 경매비용
- 2순위 임금채권, 최우선변제금
- 3순위 당해세

상가 경매에서는 환산보증금부터 보자

처음 경매를 시작하는 사람들의 목표는 내 집 마련인 경우가 많습니다. 저도 그랬고요. 그렇게 내 집 마련에 성공하면 이제 수익형 부동산에 관심이 생깁니다. 대표적인 수익형 물건 중 하나가 상가인데요, 이때 상가임대차보호법과 상가임차인의 대항력을 제대로 이해하는 것이 중요합니다. 주택임대차보호법을 이미 배웠기 때문에 훨씬 수월하게 이해할 수 있을 겁니다.

환산보증금에 따라 달라지는 상가임차인의 대항력

상가임대차보호법은 ① 사업자등록이 가능한 상가건물의 임대차계약, ② 환산보증금이 일정 금액 이하인 상인이 대상입니다. 주 내용은 대항력, 우선변제권, 묵시적갱신, 계약갱신요구권 10년 보장, 임대료 인상 제한, 권리금회수기회 보호 등입니다. 즉, 건물주가 바뀌어도 제3자에게 계약내용을 주장할 수 있고(대항력), 경매에 넘어가면 우선변제권을 가질 수 있고, 조건 변경에 대한 고지가 없으면 이전 계약 사항으로 계약이 갱신되고(묵시적갱신), 임대료는 5% 초과하여 인상할 수 없습니다. 다음 임차인에게 권리금을 받으려고 하는 행위를 방해할 수도 없습니다. 상가임대차보호법은 환산보증금을 기준으로 보호하는 세입자의 범위를 나누는데요, 환산보증금이 다음의 금액 이하인 임차인만 상가임대차보호법 대상입니다.

지역	보증금액 한도
서울특별시	9억 원
과밀억제권역(서울특별시 제외), 부산광역시	6억 9천만 원
광역시(과밀억제권역에 포함된 지역과 군지역, 부산광역시 제외), 세종특별자치시, 파주시, 화성시, 안산시, 용인시, 김포시 및 광주시	5억 4천만 원
그 밖의 지역	3억 7천만 원

단, 상가임대차보호법 중 일부 내용은(계약갱신, 권리금회수 기회 등) 위 보증금액 한도를 초과하는 상가건물 임대차에도 적용됩니다. (상가임대차보호법 제2조 제3항)

환산보증금 계산법은 다음과 같습니다.

환산보증금계산법

보증금+(월세X100)

예를 들어, 서울시에 있는 상가를 보증금 3억 원에 월세 500만 원 조건으로 임대하고 있는 상가임차인이라면 환산보증금은 3억 원+5억 원(500만 원X100)=8억 원으로 상가임대차보호 대상이 됩니다.

상가임차인의 대항력은 언제부터 생길까

그럼, 상가 경매를 할 때 알아야 할 기초 지식을 알려드리겠습니다. 경매에서는 임차인의 대항력 여부를 판단하는 것이 매우 중요합니다. 상가임차인의 대항력은 사업자등록을 하고, 영업(점유)를 하면 다음 날부터 대항력이 생깁니다. 대항력을 갖춘 임차인은 상가건물이 매매, 경매 등의 원인으로 소유자가 바뀌어도 새로운 소유자에게 임차인으로서의 지위를 주장할 수 있습니다.

그러므로 상가 경매를 진행할 때에도 임차인의 대항력과 배당 신청 여부를 확인해야 합니다. 대항력 있는 임차인이 배당 신청을 했다면 배당을 받아 가게를 비운다는 뜻이고, 대항력이 있는데 배당 신청을 하지 않았다면 계속 영업을 하겠다는 의지로 해석할 수 있습니다. 주택임대차보호법이 소액임차인의 최우선변제권을 보장해 주듯이, 상가임대차보호법도 소액임차인의 경우 일부 금액에 대해서는 순위에 상관없이 최우선으로 배당을 해 줍니다(최우선변제금). 예를 들어 서울에서 보증금 1,000만 원에 월세 50만 원으로 2020년 1월 1일에 사업자등록을 했다면 환산보증금이 6,000만 원이므로(1,000만 원+50만 원x100=6,000만 원) 상가임대차보호법 대상이 됩니다. 또한 환산보증금이 소액임차인 보증금 범위 내에 해당되기 때문에 경매가 진행될 시 순위와 상관없이 2,200만 원은 최우선적으로 변제받게 됩니다. 적용 기준일은 사업자등록일이 아닌 건물의 담보물(저당권, 근저당권, 가등기담보권 등)의 설정일자임을 주의하셔야 합니다. 지역별 상가임대차보호법 대상 환산보증금 및 소액임차인의 최우선변제금 기준은 다음과 같습니다.

■ **상가임대차보호법에 따른 소액임차인의 최우선변제액**

기준시점	지 역	적용범위	임차인 보증금 범위	보증금 중 일정액의 범위
2002. 11. 1.~	서울특별시	2억4천만 원 이하	4,500만 원 이하	1,350만 원
	수도권정비계획법에 의한 수도권 중 과밀억제권역(서울특별시 제외)	1억9천만 원 이하	3,900만 원 이하	1,170만 원
	광역시(군지역과 인천광역시 지역을 제외)	1억5천만 원 이하	3,000만 원 이하	900만 원
	그 밖의 지역	1억4천만 원 이하	2,500만 원 이하	750만 원
2008. 8. 21.~	서울특별시	2억6천만 원 이하	4,500만 원 이하	1,350만 원
	수도권정비계획법에 따른 수도권 중 과밀억제권역(서울특별시 제외)	2억1천만 원 이하	3,900만 원 이하	1,170만 원
	광역시(군지역과 인천광역시 지역을 제외)	1억6천만 원 이하	3,000만 원 이하	900만 원
	그 밖의 지역	1억5천만 원 이하	2,500만 원 이하	750만 원

	서울특별시	3억 원 이하	5,000만 원 이하	1,500만 원
	수도권정비계획법에 따른 수도권 중 과밀억제권역(서울특별시 제외)	2억5천만 원 이하	4,500만 원 이하	1,350만 원
2010. 7. 26.~	광역시(수도권정비계획법에 따른 과밀억제권역에 포함된 지역과 군지역은 제외), 안산시, 용인시, 김포시 및 광주시	1억8천만 원 이하	3,000만 원 이하	900만 원
	그 밖의 지역	1억5천만 원 이하	2,500만 원 이하	750만 원
2014. 1. 1.~	서울특별시	4억 원 이하	6,500만 원 이하	2,200만 원
	수도권정비계획법에 따른 수도권 중 과밀억제권역(서울특별시 제외)	3억 원 이하	5,500만 원 이하	1,900만 원
2014. 1. 1.~	광역시(수도권정비계획법에 따른 과밀억제권역에 포함된 지역과 군지역은 제외), 안산시, 용인시, 김포시 및 광주시	2억4천만 원 이하	3,800만 원 이하	1,300만 원
	그 밖의 지역	1억8천만 원 이하	3,000만 원 이하	1,000만 원
2018. 1. 26.~	서울특별시	6억 1천만 원 이하	6,500만 원 이하	2,200만 원
	수도권정비계획법에 따른 과밀억제권역(서울특별시 제외)	5억 원 이하	5,500만 원 이하	1,900만 원
	부산광역시(기장군 제외)	5억 원 이하	3,800만 원 이하	1,300만 원
	부산광역시(기장군)	5억 원 이하	3,000만 원 이하	1,000만 원
	광역시(수도권정비계획법에 따른 과밀억제권역에 포함된 지역과 군지역, 부산광역시 제외), 안산시, 용인시, 김포시 및 광주시	3억9천만 원 이하	3,800만 원 이하	1,300만 원

2018. 1. 26.~	세종특별자치시, 파주시, 화성시	3억9천만 원 이하	3,000만 원 이하	1,000만 원
	그 밖의 지역	2억7천만 원 이하	3,000만 원 이하	1,000만 원
2019. 4. 2.~	서울특별시	9억 원 이하	6,500만 원 이하	2,200만 원
	수도권정비계획법에 따른 과밀억제권역(서울특별시 제외)	6억9천만 원 이하	5,500만 원 이하	1,900만 원
	부산광역시(기장군 제외)	6억9천만 원 이하	3,800만 원 이하	1,300만 원
	부산광역시(기장군)	6억9천만 원 이하	3,000만 원 이하	1,000만 원
	광역시(수도권정비계획법에 따른 과밀억제권역에 포함된 지역과 군지역, 부산광역시 제외), 안산시, 용인시, 김포시 및 광주시	5억4천만 원 이하	3,800만 원 이하	1,300만 원
2019. 4. 2.~	세종특별자치시, 파주시, 화성시	5억4천만 원 이하	3,000만 원 이하	1,000만 원
	그 밖의 지역	3억7천만 원 이하	3,000만 원 이하	1,000만 원

출처 – 인터넷등기소 자료센터 '소액임차인의 범위 등'

최우선변제권과 우선변제권을 얻기 위해서는 상가임차인은 경매개시 결정의 등기 전에 대항요건인 사업자등록, 점유를 하고 있어야 하고, 배당요구의 종기까지 대항력을 유지해야 합니다. 그리고 배당요구 종기일까지 배당요구를 해야 합니다.

경매를 할 때에 상가임차인의 대항력 여부와 보증금의 회수 상황을 파악해야 합니다. 많은 상가 임차인이 우선변제권, 최우선변제권이 없는 경우가 많습니다. 따라서 보증금을 손해 보는 경우가 많고, 먹고 사는 일터여서 명도 저항이 더 강할 수 있으니, 권리분석을 통해 사전에 명도 난이도를 예상해 보고 입찰을 해야 합니다. 현 임차인의 계약 조건(보증금과 월세)뿐만 아니라, 현재 상권의 상황, 시세를 확인하여 수익률 계산도 더 꼼꼼하게 해야 합니다. 특히 상가의 경우 공실률이 주택에 비해 높기 때문에 공실 가능성 체크가 가장 중요합니다.

POINT

- **상가임대차보호법**
    - **보호대상:** ① 사업자등록이 가능한 상가건물의 임대차 ② 환산보증금이 일정 금액 이하 상가임차인
    - **내용:** 대항력, 우선변제권, 묵시적갱신, 계약갱신요구권 10년 보장, 임대료인상제한, 권리금회수기회 보호 등

- **경매에서의 상가임차인 우선변제권**
    - **대항력:** 사업자등록+인도 다음날 발생
    - **기준 시점:** 담보물권(저당권, 근저당권, 가등기담보권 등) 설정일자
    - 배당요구의 종기까지 배당요구를 하여야 한다.
    - 경매개시 결정의 등기 전에 대항요건을 갖추어야 하고, 배당요구의 종기까지 대항력을 유지해야 한다.
    - 주택가액(대지의 가액 포함)의 1/2에 해당하는 금액 내에서 우선변제를 받는다.
    - 환산보증금 기준 이하 소액임차인일 경우 일부 보증금 최우선변제를 받을 수 있다.

가장 먼저 임차인부터
확인하자

임차인의 존재와 대항력 여부

　권리분석을 정리하고 넘어가도록 하겠습니다. 먼저 집주인이 살고 있는 물건의 경우에는 말소기준권리를 체크하고 권리들 중 '소멸'되지 않는 권리가 있는지 살피면 됩니다. 소멸되지 않는 권리들이 있다면 낙찰자가 추후에 해결을 할 수 있는 것인지, 그 예상 소요시간과 난이도는 어떤지 생각해 보고 입찰 참여, 포기를 결정하면 됩니다. 비교적 간단하게 권리분석이 끝납니다.

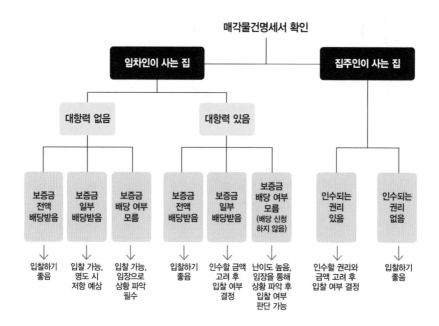

임차인의 존재와 대항력 확인하기

매각물건명세서 확인

임차인이 사는 집 — **집주인이 사는 집**

대항력 없음 / **대항력 있음**

| 보증금 전액 배당받음 | 보증금 일부 배당받음 | 보증금 배당 여부 모름 | 보증금 전액 배당받음 | 보증금 일부 배당받음 | 보증금 배당 여부 모름 (배당 신청 하지 않음) | 인수되는 권리 있음 | 인수되는 권리 없음 |

↓ 입찰하기 좋음 / ↓ 입찰 가능, 명도 시 저항 예상 / ↓ 입찰 가능, 임장으로 상황 파악 필수 / ↓ 입찰하기 좋음 / ↓ 인수할 금액 고려 후 입찰 여부 결정 / ↓ 난이도 높음, 임장을 통해 상황 파악 후 입찰 여부 판단 가능 / ↓ 인수할 권리와 금액 고려 후 입찰 여부 결정 / ↓ 입찰하기 좋음

임차인이 있고, 대항력이 없는 경우

임차인의 대항력을 확인해 봅시다. 대항력은 점유와 전입신고 다음날 0시에 효력이 발생하는데, 이것이 말소기준권리보다 빠른지 살펴보는 것이죠. 임차인의 대항력이 말소기준권리보다 늦으면 대항력이 없는 후순위세입자가 됩니다. 이 경우에는 모두 낙찰하기에 제약이 없습니다. 순위에 따라 배당을 다 받는지, 일부를 받는지, 아예 못 받는지가 결정됩니다.

대항력이 없고 보증금 전액을 다 받는 임차인

대항력이 없음에도 보증금 전액을 다 받아가는 경우라면 당연히 명도도 아주 쉬울 것입니다. 입찰하기 아주 좋은 물건입니다.

대항력이 없고 보증금을 일부만 배당받는 임차인

보증금 손실이 있는 후순위세입자의 경우 낙찰자가 떠안는 것도 전혀 없기 때문에 낙찰받은 후에 명도를 진행하면 됩니다. 다만, 이 경우 세입자는 집주인에 의해 피해를 입었을 가능성이 있고, 피해 보증금 액수에 따라 명도 시 저항이 있을 수는 있겠지요. 뒤에 명도 부분에서 다시 다루겠지만, 그럼에도 대항력이 없다면 버티기가 어렵고 결국 나갈 수밖에 없습니다.

대항력이 없고 보증금 배당 여부를 알 수 없는 임차인

만약 대항력이 없는 임차인이 있지만, 전입신고 날짜, 보증금 내용 같은 것이 확인되지 않는다면 현장임장을 통해 조사를 하는 것이 좋습니다. 명도를 감안해서 어떤 사람이 세입자인지, 어떤 이유나 의도가 있는지 파악하는 것이 좋지요. 이에 따라 명도가 조금 번거로워질 수도 있긴 하지만, 일단 후순위 세입자의 물건은 최악에서는 '인도명령제도'를 통해 강제집행이 가능하기 때문에 모두 입찰 가능합니다.

임차인이 있고, 대항력을 갖춘 경우

자, 이제 대항력이 있는 임차인이 있는 물건에 대해 정리해 보겠습니다. 대항력이 있는 선순위세입자의 경우 인도명령제도로 쫓아낼 수 없습니다. 그렇기 때문에 낙찰을 받은 후 협상을 통해 무조건 명도를 해내야 합니다. 따라서 사전에 쉽게 명도가 진행될 수 있는 상황인지를 파악해 보아야 합니다.

대항력이 있고 보증금 전액을 다 받는 임차인

선순위세입자가 배당 신청을 했고, 보증금을 모두 배당받는 세입자라면 '배당을 받아서 이사를 나갈게요.'라는 뜻이 포함이 된 것이므로 남은 계약기간과 상관없이 나가겠다는 것입니다. 따라서 명도도 쉽게 해결이 되는 입찰하기 좋은 물건입니다.

대항력이 있고 보증금 손실이 있는 임차인

선순위세입자가 있는데 보증금의 일부 또는 전혀 배당을 받지 못하는 경우 낙찰자는 권리를 '인수'해야 하니, 정확히 인수받는 금액을 확인해서 시세와 비교 후에 입찰을 결정해야 합니다. 배당 신청을 하지 않았을 경우 자신의 계약기간까지 살겠다는 뜻이 있을 수 있습니다. (또는 배당 신청을 놓쳐서 하지 못한 것일 수도 있음) 인수금액과 임차인의 명도 기간 등을 따져보아서 입찰을 결정해야 합니다.

대항력이 있고 보증금 금액을 알 수 없는 임차인

만약 대항력이 있는 선순위세입자가 있는 물건이지만, 보증금이 가려져 있다면 임장, 명도, 권리분석에 난이도가 있는 물건입니다. 보증금과 계약 내용을 모르면 정확한 최종 인수금액을 계산하기 어렵기 때문에 쉽게 입찰을 결정하면 안 됩니다. 현장 임장 등을 통해 정확한 계약 내용, 사연, 명도의 난이도에 대해서 정확히 확인하는 것이 중요합니다. 임차인 본인이 싸게 낙찰을 받고자 하는 의도로 실제 사실을 알려주지 않을 수도 있어 입찰하기 어려운 물건입니다.

권리분석을 케이스별로 정리해 보았어요. 이 표를 이해할 수 있다면 권리분석이 훨씬 구별하기 편하게 느껴질 것입니다. 여러 실제 사건번호를 대입해가면서 어디에 속하는지 분류하면서 공부해 보세요.

5주차

6주 만에 마스터하는
친절한 부동산 경매 과외

실제 사례로
알아보는
권리분석
핵심 포인트

부를 일궈 나가기 위해 가장 중요한 것이 무엇이라 생각하나요? 10년이 넘는 시간 동안 재테크, 경매

강의를 하고, 유튜브를 운영해 오면서 사람들이 오직 '수익률'과 '차익'에만 치중한 나머지, 잃을 위험

에 대해서는 잘 생각하지도, 방어하지도 않는다는 것을 깨달았습니다. 경매를 하다 보면 한순간에 자

신의 전 재산과 다름없는 전세 보증금을 잃게 되는 임차인, 권리상의 문제로 손해를 보게 되는 낙찰

자, 그리고 잘못 낙찰받은 물건으로 예상치 못한 금액을 인수하는 상황 또한 자주 목격하게 됩니다.

부를 만드는 것에 있어 수익률과 차익 이전에 전제되어야 하는 것이 '잃지 않는 것'임을 꼭 기억하고,

이를 위한 공부와 준비를 함께 시작해 보겠습니다.

| 실전 권리분석 1 |
집주인이 사는 집

    권리분석을 할 때 가장 먼저 이 집에 집주인이 사는지, 임차인이 살고 있는지부터 확인합니다. 점유자가 누구냐에 따라 권리분석에서 확인해야 할 부분이 달라지기 때문입니다. 이번에는 집주인이 채무자이자 점유자인 경우의 권리분석을 해 보겠습니다. 보통 집주인이 은행에 대출을 받아 집을 산 후, 연체를 하거나 빚을 갚지 못하는 상황에 해당됩니다.

    이런 물건의 권리분석은 비교적 간단합니다. 매각물건명세서에서 임차인이 없다는 것을 확인하고 등기부등본의 말소기준권리를 확인해서 모든 권리들이 제대로 '말소'되는지, 아니면 말소되지 않은 권리들이 남아 있는지 여부만 잘 살펴보면 됩니다. ① 말소기준권리를 찾고, ② 말소기준권리보다 앞선 권리가 있는지(인수 여부, 내용 확인) ③ 나머지 권리는 모두 소멸되는지를 확인하는 것이 집주인이 사는 집 권리분석의 전부입니다.

집주인이 살고 있을 때의 권리분석

집주인이 살고 있을 때의 권리분석 순서입니다. 빈 칸에 알맞은 내용은 무엇일까요? 앞에서 설명한 내용을 참고하여 적어 봅시다.

① _____ 찾기
② 말소기준권리보다 앞선 권리는 _____
③ 말소기준권리 이하의 권리는 _____

전입세대열람원을 확인해 보자

❖ 전입세대/관리비체납/관할주민센터		
전입세대	관리비 체납내역	관할주민센터
	• 체납액:0 • 확인일자:2021.09.27 • 21년7월까지미납없음 • ☎ 02-373-3498	

전입세대열람원

법원경매정보사이트에서 입찰하고 싶은 물건의 매각물건명세서와 현황조사서를 볼 수 있는데요, 이를 통해 집주인이 살고 있는지, 임차인이 있는 집인지 확인할 수 있습니다. 유료경매사이트에서는 '전입세대열람원'도 확인 가능하고, 임장을 통해 직접 주민센터를 방문해서 전입세대 열람을 해 볼 수도 있습니다. 전입세대 부분이 공란이거나 '임차내역없음'이라고 표시되어 있으면 이 집은 소유주가 직접 살고 있다고 생각할 수 있습니다.

❷ 예상배당표　　　　　　　　　　　　　　　　　　　　　　태인권리분석 보기

☞ 최저경매가 및 등기부상의 설정금액을 기준으로 작성이 되고 있으므로 입찰금액이 높아지거나 실 채권액이 설정금액보다 적을 경우에는 배당금액의 변경으로 인해 인수여부 및 인수금액 등에 변화가 생길 수 있습니다. 입찰금액 또는 등기부상 채권금액의 수정 및 그에 따른 예상배당표의 재작성은 태인권리분석의 '정보수정후분석' 기능을 이용하시기 바랍니다. [바로가기]

* 입찰가정가 : 9억 7000만원 (최저경매가기준)　　　　　　　　　　　　　　단위: 만

권리	권리자	등기/확정일	전입/사업	채권액	채권배당금	미수금	인수여부	비고
법원경비	법 원	-	-	-	540	0	-	-
근저	에스비아이저축은행	2014-10-23	-	3억 8610	3억 8610	0	말소	말소기준권리
근저	에스비아이저축은행	2018-07-27	-	1억 8000	1억 8000	0	말소	
임의	에스비아이저축은행	2020-12-28	-	-	-	-	말소	
합 계				5억 6610	5억 7150	0		
배당잔액					3억 9849		배당 후 남은 금액	

유료경매사이트에서 금번 최저입찰가를 기준으로 낙찰됐을 때의 예상배당
표를 확인할 수 있습니다. 이를 보면 내가 한 권리분석이 제대로 된 것인지 다
시 확인할 수 있습니다. 다만, 유료경매사이트에서 확인할 수 있는 예상배당표
의 경우 매각물건명세서의 변동 사항을 실시간으로 반영하지 못할 수도 있습니
다. 그래서 유료경매사이트에서는 인수금액 등의 변화가 생길 수 있으며, 실제
와 다를 때 책임을 지지 않는다고 적어 놓습니다. 유료경매사이트가 제공하는
해석이나 자료들은 참고하시되, 본인이 기본적으로 사실 관계에 대한 판단을
할 수 있어야겠습니다. 위 경우 예상배당표를 보니, 말소기준권리부터 모두 말
소가 되는 것으로 표시되어 있습니다. 즉, 이 물건은 낙찰자가 잔금을 치른 후,
아주 깨끗해진 등기부등본을 받을 수 있는 쉬운 물건이라고 할 수 있습니다.

| 실전 권리분석 2 |

대항력 있는 임차인에게
얼마를 줘야 할까?

이번엔 세입자가 있는 경우를 알아보겠습니다. 임차인이 있을 경우 대항력 여부가 가장 중요합니다. 먼저 ① 말소기준권리 확인(날짜) ② 선순위임차인인지 확인(말소기준권리 날짜보다 전입일이 빠르면 대항력이 있는 선순위임차인) ③ 배당 신청 여부를 확인하여 낙찰자가 인수할 금액이 있는지 검토하면 됩니다. 다양한 임차인의 사례를 통해 권리분석을 연습해 보도록 하겠습니다.

임차인이 살고 있을 때의 권리분석

임차인이 살고 있을 때의 권리분석 순서입니다. 빈 칸에 알맞은 내용은 무엇일까요? 앞에서 설명한 내용을 참고하여 적어 봅시다.

　　　　　　　　　　　　　　　　　　6주 만에 마스터하는 친절한 부동산 경매 과외

① _____ 확인

② 대항력이 _____ 보다 빠른지 확인

③ 배당 신청 여부 확인

인수금액이 있는 선순위임차인

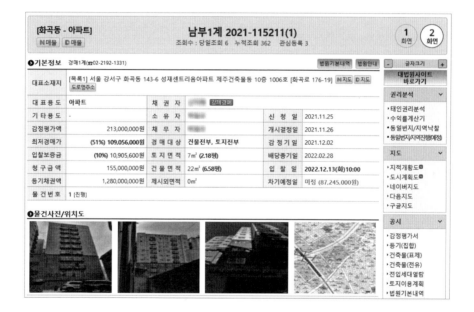

서 울 남 부 지 방 법 원

2021타경115211

매각물건명세서

사 건	2021타경115211 부동산강제경매		매각 물건번호	1	작성 일자	2022.07.07	담임법관 (사법보좌관)		
부동산 및 감정평가액 최저매각가격의 표시	별지기재와 같음		최선순위 설정		2020.11.05.가압류		배당요구종기	2022.02.28	

부동산의 점유자와 점유의 권원, 점유할 수 있는 기간, 차임 또는 보증금에 관한 관계인의 진술 및 임차인이 있는 경우 배당요구 여부와 그 일자, 전입신고일자 또는 사업자등록신청일자와 확정일자의 유무와 그 일자

점유자 성 명	점유 부분	정보출처 구 분	점유의 권 원	임대차기간 (점유기간)	보증금	차 임	전입신고 일자, 사업자등록 신청일자	확정일자	배당 요구여부 (배당요구일자)
	1006호 전부	등기사항 전부증명 서	주거 임차권자	2016.07.30. ~	155,000,000		2016.08.01.	2016.07.18.	
	1006호 전부	현황조사	주거 임차인		155,000,000		2016.08.01.		
	1006호 전부	권리신고	주거 임차인	2016.07.30. ~ 2021.07.29.	155,000,000		2016.08.01.	2016.07.18.	2021.12.10

〈비고〉

　　　　경매신청채권자임. 보증금 146,000,000원에 2016.05.16.자로 최초 계약(확정일자 2016.07.18.)을 체결한 이후, 2018.06.30.자로 보증금 5,000,000원(확정일자 2018.07.04.)을, 2020.07.04.자로 보증금 4,000,000원(확정일자 2020.07.06.)을 각 증액하는 내용의 계약을 각 체결한 것임.

※ 최선순위 설정일자보다 대항요건을 먼저 갖춘 주택·상가건물 임차인의 임차보증금은 매수인에게 인수되는 경우가 발생 할 수 있고, 대항력과 우선변제권이 있는 주택·상가건물 임차인이 배당요구를 하였으나 보증금 전액에 관하여 배당을 받지 아니한 경우에는 배당받지 못한 잔액이 매수인에게 인수되게 됨을 주의하시기 바랍니다.

등기된 부동산에 관한 권리 또는 가처분으로 매각으로 그 효력이 소멸되지 아니하는 것
매수인에게 대항할 수 있는 임차인이 있음(임대차보증금 금155,000,000원. 전입일자 2016.08.01. 확정일자 2016.07.18.) 배당에서 보증금이 전액 변제되지 아니하면 잔액을 매수인이 인수함
매각에 따라 설정된 것으로 보는 지상권의 개요
비고란

　　서울의 한 아파트입니다. 매각물건명세서를 확인해 보겠습니다. 다음 순서를 따라 같이 확인해 보세요. ① 이 사건의 말소기준권리는 2020년 11월 5일 가압류입니다. ② 신○○라는 임차인이 있고, 전입신고 날짜가 2016년 8월 1일로 말소기준권리보다 빠른 것을 알 수 있습니다. 즉, 대항력이 있는 선순위임차인입니다. ③ 배당요구종기일은 2022년 2월 28일인데, 배당요구여부란에 2021년 12월 10일에 배당 신청을 하였다고 되어 있고, 종기일 내이기 때문에 배당 신청이 되어 있는 상태입니다.

자, 그런데 ④ 〈비고〉란에 내용이 적혀 있네요? 신○○은 경매신청채권자라고 합니다. 최초계약 보증금과 증액 부분에 대한 부연설명도 있습니다. 이 사건에서는 임차인 신○○이 배당 신청을 했지만, 만약 배당요구를 하지 않았다고 하더라도 경매신청채권자이기 때문에 배당 신청한 것으로 봅니다. 경매를 신청한 것이 돈을 달라는 배당요구와 동일한 의미이니까요. 이 경우 임차인은 대항력이 있는 선순위임차인이기 때문에 계약 내용을 낙찰자에게 주장할 수 있습니다. 다만, 여기에서는 배당 신청을 했으므로 낙찰금에서 배당을 받아갈 예정인데, 만약 일부 보증금을 돌려받지 못한다면 이를 낙찰자에게 요구할 수 있습니다. 이를 권리분석에서는 '인수'한다고 말합니다.

❯예상배당표　　　　　　　　　　　　　임차인 배당기준표　주택임대차 소액보증금 범위　상가임대차 소액보증금 범위　태인권리분석

☞ 최저경매가 및 등기부상의 설정금액을 기준으로 작성이 되고 있으므로 입찰금액이 높아지거나 실 채권액이 설정금액보다 적을 경우에는 배당금액의 변경으로 인해 인수여부 및 인수금액 등에 변화가 생길 수 있습니다. 입찰금액 또는 등기부상 채권금액의 수정 및 그에 따른 예상배당표의 재작성은 태인권리분석의 '정보수정후분석' 기능을 이용하시기 바랍니다.

* 입찰가정가 : 1억 905만원 (최저경매가기준)　　　　　　　　　　　　　　　　　　　　　　　단위: 만원

권리	권리자	등기/확정일	전입/사업	채권액	채권배당금	미수금	인수여부	비고
법원경비	법 원	-	-	-	308	0	-	-
임차권		2016-07-18	2016-08-01	1억 5500	1억 596	4,903	인수	자동배당요구 경매신청채권자
가압	주택도시보증공사(서울 북부관리센터)	2020-11-05	-	11억 2500	0	11억 2500	말소	말소기준권리
강제		2021-11-26	-	-	0	0	말소	
합 계				12억 8000	1억 905	11억 7403		

　예상배당표를 보며 다시 정리해 보겠습니다. 낙찰 후 법원이 비용을 먼저 가져가고, 선순위임차인인 신○○의 보증금이 배당됩니다. 그런데 현재 최저경매가 기준으로 계산했을 때에는 낙찰금이 부족해서 미수금이 발생하고, 이 차액은 낙찰자가 인수해야 한다고 표시되어 있습니다. 그 뒤로 말소기준권리가

보이고, 이를 포함한 권리들은 말소되는 것이 확인됩니다. 따라서 이 사건은 유찰이 몇 번 되든지 간에 낙찰자가 실제 부담해야 하는 최소금액은 경매진행비용+보증금 1억 5,500만 원이 됩니다. 낙찰자가 이 돈을 모두 부담하면서 낙찰을 받더라도 시세보다 저렴한지 조사해서 입찰 여부를 결정해야 할 것입니다.

전액 배당받는 선순위임차인

다음 사건을 살펴보겠습니다. 경기 화성시에 있는 24평형 아파트입니다. 첫 페이지에서 정리된 내용을 죽 훑어보고, 사진도 클릭해서 살펴보길 바랍니다. 매각물건명세서를 열어 보니, 민○○이라는 임차인이 있습니다. 전입신고

한 날짜(2018. 11. 27.)가 말소기준권리인 압류(2021. 4. 15.)보다 빠릅니다. 대항력을 갖춘 선순위임차인입니다. 배당요구여부란은 비어 있으나, 비고란에 '신청채권자임'이라고 적혀 있습니다. 경매를 신청했으니, 배당해 달라는 의미를 포함하고 있습니다.

대항력이 있는 선순위임차인의 경우 배당요구 여부는 명도와 관련이 있습니다. 배당을 해 달라는 의미는 돈을 받으면 이사를 나가겠다는 뜻입니다. 대항력을 갖추고 있는 선순위임차인이 배당 신청을 하지 않았고, 계약기간까지

수 원 지 방 법 원

2021타경72118

매각물건명세서

사 건	2021타경72118 부동산강제경매		매각 물건번호	1	작성 일자	2022.11.07		담임법관 (사법보좌관)	███	金 元 重
부동산 및 감정평가액 최저매각가격의 표시		별지기재와 같음	최선순위 설정		2021.11.23.경매개시결 정			배당요구종기	2022.02.03	

부동산의 점유자와 점유의 권원, 점유할 수 있는 기간, 차임 또는 보증금에 관한 관계인의 진술 및 임차인이 있는 경우 배당요구 여부와 그 일자, 전입신고일자 또는 사업자등록신청일자와 확정일자의 유무와 그 일자

점유 성 명	점유 부분	정보출처 구 분	점유의 권 원	임대차기간 (점유기간)	보증금	차 임	전입신고 일자, 사업자등록 신청일자	확정일자	배당 요구여부 (배당요구일자)
███	전유부 분 전부	등기사항 전부증명 서	주거 임차권자	2018.11.26. ~	170,000,000		2018.11.27.	2018.10.17.	
		현황조사	주거 임차인				2018.11.27		

〈비고〉
███:신청채권자임.

※ 최선순위 설정일자보다 대항요건을 먼저 갖춘 주택·상가건물 임차인의 임차보증금은 매수인에게 인수되는 경우가 발생 할 수 있고, 대항력과 우선변제권이 있는 주택·상가건물 임차인이 배당요구를 하였으나 보증금 전액에 관하여 배당을 받지 아니한 경우에는 배당받지 못한 잔액이 매수인에게 인수되게 됨을 주의하시기 바랍니다.

등기된 부동산에 관한 권리 또는 가처분으로 매각으로 그 효력이 소멸되지 아니하는 것
임차권등기. 매수인에게 대항할 수 있는 임차인.
매각에 따라 설정된 것으로 보는 지상권의 개요
해당사항없음
비고란
배당에서 임차보증금이 전액 변제되지 않으면 잔액을 매수인이 인수함.

주1 : 매각목적물에서 제외되는 미등기건물 등이 있을 경우에는 그 취지를 명확히 기재한다.
  2 : 매각으로 소멸되는 가등기담보권, 가압류, 전세권의 등기일자가 최선순위 저당권등기일자보다 빠른 경우에는 그 등기일자를 기재한다.

| 임차인 배당기준표 | 주택임대차 소액보증금 범위 | 상가임대차 소액보증금 범위 | 태인권리분석 |

* 입찰가정가 : 4억 7485만원 (낙찰가기준)   단위: 만원

권리	권리자	등기/확정일	전입/사업	채권액	채권배당금	미수금	인수여부	비고
법원경비	법 원	-	-	-	499	0	-	-
임차권	▨▨▨	2018-10-17	2018-11-27	1억 7000	1억 7000	0	말소	자동배당요구 경매신청채권자
압류	동탄출장소장	2021-04-15	-	-	0	0	말소	보기
강제	▨▨▨	2021-11-23	-	-	0	0	말소	
	합 계			1억 7000	1억 7499	0		
	배당잔액			2억 9986		배당 후 남은 금액		

살겠다고 한다면 그대로 살게 해 주어야 합니다. 그게 대항력이니까요. 이런 내용들을 보고 자금운용계획, 명도에 대해 준비할 수 있습니다. (명도는 뒤에서 자세히 다시 다루겠습니다.)

예상배당표를 확인해 보니, 낙찰이 되면 법원 다음으로 임차인 민○○이 배당을 받게 됩니다. 시세 대비 임차보증금도 낮은 편이라 자신의 보증금은 충분히 다 돌려받을 수 있겠네요. 이렇게 배당도 신청하고, 돈을 다 돌려받는 임차인이 있는 집이라면 명도도 쉽게 해결되어 입찰하기 부담 없는 물건이라고 할 수 있습니다.

대항력 없는 후순위임차인

본 사건은 일산의 아파트 물건입니다. 222쪽의 매각물건명세서를 살펴보 겠습니다.

본 사건의 말소기준권리는 근저당권(2020. 4. 20.)이고, 임차인이 있는데, 임 차인의 전입신고 날짜가 근저당권 설정일과 동일합니다. 대항력은 전입신고+ 점유(이사)한 다음날 0시에 생긴다고 배웠습니다. 그래서 이 경우 대항력이 하 루 늦어 후순위세입자가 되어 버렸습니다. 전세금을 받고, 집주인이 그날 대 출을 받아버린 상황인데요. 전세사기 피해사례에서 자주 보이는 방식이기도 합니다. 다행히도 임차인이 주택도시보증공사에 전세보험을 가입했습니다. 223~224쪽의 등기부등본을 살펴보면 더 자세하게 확인할 수 있습니다.

의정부지방법원 고양지원

매각물건명세서

사 건	2020타경74206 부동산임의경매		매각물건번호	1	작성일자	2021.08.30	담임법관(사법보좌관)	注정	印
부동산 및 감정평가액 최저매각가격의 표시	별지기재와 같음		최선순위 설정	2020.04.20. 근저당권			배당요구종기	2021.03.22	

부동산의 점유자와 점유의 권원, 점유할 수 있는 기간, 차임 또는 보증금에 관한 관계인의 진술 및 임차인이 있는 경우 배당요구 여부와 그 일자, 전입신고일자 또는 사업자등록신청일자와 확정일자의 유무와 그 일자

점유자 성 명	점유부분	정보출처구분	점유의권원	임대차기간 (점유기간)	보증금	차임	전입신고일자, 사업자등록신청일자	확정일자	배당요구여부 (배당요구일자)
注某		현황조사	주거임차인				2020.04.20		
	전부	권리신고	주거임차인	2020.04.20. ~	425,000,000		2020.04.20.	2020.03.26.	2021.01.22
주택도시보증공사	전부	권리신고	주거임차인	2020.04.20. ~	425,000,000		2020.04.20.	2020.03.26.	2021.03.15

〈비고〉
주택도시보증공사:임차인 注某의 임차보증금 반환청구권 양수인

※ 최선순위 설정일자보다 대항요건을 먼저 갖춘 주택·상가건물 임차인의 임차보증금은 매수인에게 인수되는 경우가 발생 할 수 있고, 대항력과 우선변제권이 있는 주택·상가건물 임차인이 배당요구를 하였으나 보증금 전액에 관하여 배당을 받지 아니한 경우에는 배당받지 못한 잔액이 매수인에게 인수되게 됨을 주의하시기 바랍니다.

등기된 부동산에 관한 권리 또는 가처분으로 매각으로 그 효력이 소멸되지 아니하는 것

매각에 따라 설정된 것으로 보는 지상권의 개요

비고란

주1 : 매각목적물에서 제외되는 미등기건물 등이 있을 경우에는 그 취지를 명확히 기재한다.
　2 : 매각으로 소멸되는 가등기담보권, 가압류, 전세권의 등기일자가 최선순위 저당권등기일자보다 빠른 경우에는 그 등기일자를 기재한다.

【 갑 구 】	(소유권에 관한 사항)			
순위번호	등 기 목 적	접 수	등 기 원 인	권리자 및 기타사항
1	소유권보존	2013년5월14일 제68256호		소유자 ~~서울특별시 강남구 대치동 944-31~~
1-1	1번신탁재산처분에 의한 신탁	2013년5월23일 제72080호		~~신탁원부 제2013-221호~~
1-2	1번등기명의인표시 변경	2016년1월7일 제2239호	2015년6월26일 본점이전	의 주소 서울특별시 강남구 영동대로 517, 26층(삼성동,아셈타워)
2	소유권이전	2020년4월20일 제61185호	2020년2월19일 매매	소유자 인천광역시 계양구 계양대로 188, 1017호(계산동,대덕노바체) 거래가액 금879,000,000원
	1-1번신탁등기말소		신탁재산의 처분	
3	임의경매개시결정	2020년12월29일 제199506호	2020년12월29일 의정부지방법원 고양지원의 임의경매개시결 정(2020타경742 06)	채권자 서울 구로구 시흥대로 551, 5층(구로동, 광희빌딩)
4	가압류	2021년2월24일 제29076호	2021년2월24일 의정부지방법원 고양지원의 가압류 결정(2021카단1	청구금액 금22,610,767 원 채권자 신한카드 주식회사 110111-0412026 서울 중구 을지로 100 에이동 (을지로2가, 파인에비뉴)

【 을　　　구 】	（ 소유권 이외의 권리에 관한 사항 ）			
순위번호	등 기 목 적	접　　수	등 기 원 인	권리자 및 기타사항
1	근저당권설정	2020년4월20일 제61186호	2020년4월20일 설정계약	채권최고액　금445,050,000원 채무자 　　인천광역시 계양구 계양대로 188, 　　1017호(계산동, 대덕노바체) 근저당권자　파주새마을금고　115644-0000066 　경기도 파주시 파주읍 혜음로 1696-1
1-1	1번근저당권이전	2020년12월23일 제196135호	2020년12월23일 확정채권양도	근저당권자 　서울특별시 구로구 시흥대로 　551,5층(구로동, 광희빌딩)
1-2	1번근저당권부채권 근질권설정	2021년2월17일 제25091호	2021년2월15일 설정계약	채권최고액　금445,050,000원 채무자 　서울특별시 구로구 시흥대로 　551,5층(구로동, 광희빌딩) 채권자 　주식회사모아저축은행　120111-0000331 　인천광역시 미추홀구 경인로 406(주안동) 　주식회사대신저축은행　110111-4663426 　서울특별시 중구 삼일대로 343(저동1가, 　대신파이낸스센터) 　(역삼지점)

— 이 　하 　여 　백 —

　본 건은 소유권이전(주택 구입)과 대출이 같은 날에 이뤄졌습니다. 즉, 집주인이 2020년 4월 20일에 세입자와 전세계약을 맺으면서 소유권이전등기를 한 것입니다. 그리고 전세금을 받은 당일 또 부동산 담보 대출을 받았습니다. 임차인은 등기부등본상 아무 권리가 없었던 것도 확인하고, 전세금을 지불하면서 이사를 들어왔고, 올바르게 전입신고까지 했지만, 이사 당일 집주인이 근저당을 설정하여 대출을 받았기 때문에 근저당권이 4월 20일 등기가 먼저 되었고, 임차인은 하루가 늦어* 대항력이 없는 후순위세입자가 되어 버린 안타까운 사례입니다.

★대항력은 전입과 점유의 다음날 발생되기 때문에 임차인의 대항력은 4월 21일 0시에 발생됩니다.

　세입자는 확인해야 할 것들을 모두 체크하고 정상적인 이사 절차를 밟았지만, 그런 노력도 무색하게 임차인의 권리는 주택 구입(소유

6주 만에 마스터하는 친절한 부동산 경매 과외

권이전등기)과 대출(근저당설정)보다 후순위에 위치하게 되었습니다. 결국 새로운 집주인은 집을 사는 날, 전세금과 대출까지 받으면서 수억 원의 돈을 챙겼습니다. 다분히 집주인의 의도가 느껴지는 전형적인 전세사기사건의 형태이고, 일산 중심부의 고급 아파트의 부동산담보 대출을 제1금융권이 아닌 곳에서 받은 것도 심증을 더합니다. 임차인 입장에서 너무 안타까운 일이 아닐 수 없습니다.

❯예상배당표		임차인 배당기준표		주택임대차 소액보증금 범위	상가임대차 소액보증금 범위			태인권리분석
* 입찰가정가 : 8억 1399만원 (낙찰가기준)								단위: 만원
권리	권리자	등기/확정일	전입/사업	채권액	채권배당금	미수금	인수여부	비고
법원경비	법 원	-	-	-	536	0	-	-
근저	웰○○○○○○○○○	2020-04-20	-	4억 4505	4억 4505	0	말소	말소기준권리
임차인	노 ○○○○○○○○○○○○	2020-03-26	2020-04-20	4억 2500	3억 6357	6,142	말소	배당요구
임의	웰○○○○○○○○○	2020-12-29	-	-	-	-	말소	-
가압	신○○○	2021-02-24	-	2,261	0	2,261	말소	-
합 계				8억 9266	8억 1399	8,403		

이 건의 예상배당표를 보면 실제 낙찰가에 따라 약간 달라지겠지만, 임차인이 후순위가 되어 버려서 보증금의 상당 부분을 돌려받지 못하는 상황이 됩니다. 임차인이 전세보험을 가입한 상태라 주택도시보증 공사에서 전액을 돌려받을 수 있는 것은 다행이지만, 주택도시보증공사는 큰 손실이 발생되었습니다.

POINT

■ 대항력, 우선변제권이 있는 선순위임차인의 경우

전액배당되는 경우 입찰하기 좋은 물건이다. 일부만 배당을 받는 경우 매각대금에 따라 낙찰자가 인수해야 하는 금액이 있을 수 있다. 이때에는 낙찰자가 최종적으로 지불할 금액을 정확히 계산하여 입찰을 결정해야 한다. 최종 낙찰액(입찰금액+인수금액)과 시세를 비교해서 원하는 수익률을 올릴 수 있다면 입찰을 결정한다.

■ 대항력 없는 후순위임차인

후순위로 배당 순위에 밀려 임차인이 미처 보증금을 다 받지 못하더라도 낙찰자 인수금액은 없다. 입찰하기에는 쉬운 물건이지만, 만약 보증금을 다 돌려받지 못하는 임차인이라면 명도 시에 상황을 고려해서 입찰을 결정해야 한다.

| 실전 권리분석 3 |
최우선변제권을 가진
임차인의 조건

인천의 다가구 물건입니다. 매각물건명세서를 살펴보니, 임차인이 3명 나옵니다.

인 천 지 방 법 원

매각물건명세서

사 건	2021타경5388 부동산강제경매		매각 물건번호	1	작성 일자	2022.11.10	담임법관 (사법보좌관)		
부동산 및 감정평가액 최저매각가격의 표시	별지기재와 같음		최선순위 설정	2019. 7. 18. 가압류			배당요구종기	2021.09.15	

부동산의 점유자와 점유의 권원, 점유할 수 있는 기간, 차임 또는 보증금에 관한 관계인의 진술 및 임차인이 있는 경우 배당요구 여부와 그 일자, 전입신고일자 또는 사업자등록신청일자와 확정일자의 유무와 그 일자

점유자 성 명	점유 부분	정보출처 구 분	점유의 권 원	임대차기간 (점유기간)	보 증 금	차 임	전입신고 일자, 사업자등록 신청일자	확정일자	배당 요구여부 (배당요구일 자)
▓▓▓		현황조사	주거 임차인		미상		2018.09.19		
	전부 (101호)	권리신고	주거 임차인	2018.9.19.~ 2020.10.11.	30,000,000		2018.9.19.	2018.9.19.	2021.06.10
▓▓▓	201호 (40㎡)	등기사항 전부증명 서	주거 임차인		30,000,000		2019.03.15.		
	전부 (2층)	권리신고	주거 임차인	2019.3.15.~ 2021.3.14.	30,000,000		2019.3.15.	2019.3.15.	2021.06.10
▓▓▓		현황조사	주거 임차인		미상		2011.10.17		
	전부 (2층호)	권리신고	주거 임차인	2011.10.21.~ 2021.10.31.	75,000,000		1차:2011.10.17. 2차:2017.10.31.	1차:2011.10.17. 2차:2021.4.20.	2021.06.25

〈비고〉
- ▓▓▓ ▓▓▓▓▓▓ ▓▓▓▓▓▓▓은 임차권등기권자로서 임차권설정등기 일자는 2021.05.12.임.
- ▓▓▓ 보증금 75,000,000원중 10,000,000원은 2017. 10. 31. 증액되었으며, 증액된 부분에 대한 확정일자는 2021. 4. 20.임.

※ 최선순위 설정일자보다 대항요건을 먼저 갖춘 주택·상가건물 임차인의 임차보증금은 매수인에게 인수되는 경우가 발생 할 수 있고, 대항력과 우선변제권이 있는 주택·상가건물 임차인이 배당요구를 하였으나 보증금 전액에 관하여 배당을 받지 아니한 경우에는 배당받지 못한 잔액이 매수인에게 인수됨을 주의하시기 바랍니다.

등기된 부동산에 관한 권리 또는 가처분으로 매각으로 그 효력이 소멸되지 아니하는 것
매수인에게 대항할 수 있는 임차인이 있음(임대차보증금 3,000만 원, 전입일 2019.03.15., 확정일자 2019.03.15.). 배당에서 보증금이 전액 변제되지 아니하면 잔액을 매수인이 인수함.

매각에 따라 설정된 것으로 보는 지상권의 개요

비고란
- 일괄매각. 제시외 건물 포함.
- 공부상 주택의 지하층은 현황상 101호, 102호의 2가구로, 공부상 1층은 현황상 2층 1호, 2층 2호의 2가구로, 공부상 2층은 현황상 3층 1호, 3층 2호의 2가구로 사용되고 있는 것으로 추정됨.

임차인의 전입 날짜를 말소기준권리 날짜와 비교해서 확인해 봅니다. 말소기준권리는 가압류(2019. 7. 18.)이고, 세 명의 임차인 모두 전입신고 날짜가 말소기준권리보다 앞선 것을 확인할 수 있습니다. 우선변제권이 있는 확정일자도 다 잘 받아 놓았고, 배당 신청도 배당요구종기일(2021.9.15.) 안에 모두 하였

습니다. 그런데 임차인의 보증금 금액을 확인해 보니 2명은 보증금이 3,000만 원, 1명은 7,500만 원으로 3명 모두 소액임차인일 가능성이 있어 보입니다.

소액임차인을 판단하는 기준 일자는 임대차계약서의 체결일이나 전입일자가 아니라 등기부등본상의 담보권설정일입니다. 본 건은 담보 설정이 없기 때문에 이 사건의 소액임차인 기준 일자는 경매개시결정 등기일이 된다는 것도 기억해 둡니다.

주요 등기사항 요약 (참고용)

[주 의 사 항]

본 주요 등기사항 요약은 증명서상에 말소되지 않은 사항을 간략히 요약한 것으로 증명서로서의 기능을 제공하지 않습니다.
실제 권리사항 파악을 위해서는 발급된 증명서를 필히 확인하시기 바랍니다.

고유번호 1247-1996-075171

[건물] 인천광역시 남동구 간석동 576-14

1. 소유지분현황 (갑구)

등기명의인	(주민)등록번호	최종지분	주　　　　소	순위번호
▩▩▩ (소유자)	5▩▩13-*******	단독소유	인천광역시 부평구 상정로14번길 28 (십정동)	2

2. 소유지분을 제외한 소유권에 관한 사항 (갑구)

순위번호	등기목적	접수정보	주요등기사항	대상소유자
3	가압류	2019년7월18일 제263235호	청구금액 금241,460,246 원 채권자 ▩▩▩외 7명	▩▩▩
4	강제경매개시결정	2021년4월9일 제146130호	채권자 ▩▩▩외 7명	▩▩▩

3. (근)저당권 및 전세권 등 (을구)

순위번호	등기목적	접수정보	주요등기사항	대상소유자
3	임차권설정	2021년5월12일 제196683호	임차보증금 금30,000,000원 임차권자 ▩▩▩	▩▩▩
4	임차권설정	2022년6월22일 제213505호	임차보증금 금30,000,000원 임차권자 ▩▩▩	▩▩▩
5	임차권설정	2022년6월22일 제213518호	임차보증금 금75,000,000원 (2017.10.31. 1천만원 증액) 임차권자 ▩▩▩	▩▩▩

[참 고 사 항]

가. 등기기록에서 유효한 지분을 가진 소유자 혹은 공유자 현황을 가나다 순으로 표시합니다.
나. 최종지분은 등기명의인이 가진 최종지분이며, 2개 이상의 순위번호에 지분을 가진 경우 그 지분을 합산하였습니다.
다. 지분이 통분되어 공시된 경우는 전체의 지분을 통분하여 공시한 것입니다.
라. 대상소유자가 명확하지 않은 경우 '확인불가'로 표시될 수 있습니다. 정확한 권리사항은 등기사항증명서를 확인하시기 바랍니다.

건물등기부 맨 뒤쪽에서 확인할 수 있는 주요 등기사항 요약

등기부등본을 확인해 보니, 2021년 4월 9일에 경매개시결정 등기가 되어 있습니다.

기준시점	지역	임차인 보증금 범위	보증금 중 일정액의 범위
2018. 9. 18.~	서울특별시	1억 1천만 원 이하	3,700만 원
	수도권정비계획법에 따른 과밀억제권역(서울특별시 제외), 용인시, 세종특별자치시, 화성시	1억 원 이하	3,400만 원
	광역시(수도권정비계획법에 따른 과밀억제권역에 포함된 지역과 군지역 제외), 안산시, 김포시, 광주시 및 파주시	6,000만 원 이하	2,000만 원
	그 밖의 지역	5,000만 원 이하	1,700만 원
2021. 5. 11.~	서울특별시	1억 5천만 원 이하	5,000만 원

인천시는 '과밀억제권역*'에 포함됩니다. 그러므로 표에서 소액임차인 기준을 찾아보면 임차보증금 1억 원 이하일 경우 소액임차인이 되고, 3,400만 원은 모든 권리에 앞서 최우선으로 변제됩니다. 임차인이 최우선변제권을 행사할 수 있으려면 경매신청 등기일 전에 대항력을 갖추고 배당요구 종기일까지 대항력을 유지하고 있어야 합니다. 만약 그 전에 이사할 수밖에 없다면 임차권등기를 통해 대항력을 유지할 수 있습니다. (임차권등기명령 – 162쪽 참조) 그럼 이 사건의 경우 어떻게 배당이 되는지 살펴볼까요?

★ **과밀억제권역**
수도권정비계획법에 따라 인구와 산업이 지나치게 집중되었거나 집중될 우려가 있어 정비할 필요가 있는 지역을 말합니다. 과밀억제권역으로 지정되면 공공청사, 학교, 인구집중유발시설 등의 신설, 증설, 인가, 허가 등이 제한됩니다.

❷예상배당표

임차인 배당기준표 | 주택임대차 소액보증금 범위 | 상가임대차 소액보증금 범위 | 태인권리분석

☞ 현재 본 물건은 건물 등기부등본을 기준으로 권리분석이 되고 있습니다. 따라서 토지 등기부등본 상에 건물 등기부등본에 없는 별도 권리가 설정되어 있을 경우에는 권리분석 및 예상배당표 내용이 달라질 수 있으니, 반드시 토지 등기부등본을 확인하신 후 다시 분석하시기 바랍니다.

❶

* 입찰가정가 : 2억 2200만원 (낙찰가기준)　　　　　　　　　　　　　　　　　　단위: 만원

권리	권리자	등기/확정일	전입/사업	채권액	채권배당금	미수금	인수여부	비고
법원경비	법 원	-	-	-	470	0	-	-
임차권	(가림)	2011-09-22	2011-10-17	소액:6,500	3,400	3,100	말소	-
임차권	(가림)	2019-03-15	2019-03-15	소액:3,000	3,000	0	말소	-
임차권	(가림)	2019-09-19	2018-09-19	소액:3,000	3,000	0	말소	-
임차권	(가림)	2011-09-22	2011-10-17	3,100 (6,500)	❷ 3,100	0	말소	-
가압	(가림)	2019-07-18	-	2억 4146	8,862	1억 5283	말소	말소기준권리
강제	(가림)	2021-04-09	-		0	0	말소	-
임차권	(가림)	2021-04-20	2017-10-31	1,000	❹ 367	632	인수	-
	합 계			3억 7646	2억 2200	1억 5916		

❸ (좌측 임차권 표시)

① 세 명의 임차인 모두 소액임차인에 해당이 되어서 최우선변제금인 3,400만 원 내의 금액을 먼저 배당받는 모습을 확인할 수 있습니다. ② 첫 번째 임차인인 이○○의 경우 최우선변제금을 제한 나머지 금액은 권리 순서에 따라 배당받게 됩니다. ③ 임차인들은 대항력을 유지하기 위해 임차권을 설정해 둔 모습을 확인할 수 있습니다. ④ 증액분의 경우에는 그 금액만큼은 순위가 밀리게 되고, 배당액에서 미처 다 받지 못한 금액이 있는 경우 그 금액은 대항력을 갖춘 선순위임차인의 몫이기 때문에 이는 낙찰자가 떠안아야 합니다.

경매가 쉬워지는 실전 노하우

진짜 임차인, 가짜 임차인

세입자들이 있는 물건의 경우 세입자들이 대항력이 있는지, 보증금을 다 받아가는지 확인하는 것이 중요하다고 말씀드렸습니다. 그런데 권리분석을 하다 보면 이상한 느낌이 드는 세입자들도 종종 있는데요. 다음 물건을 살펴보겠습니다.

❯ 임차인현황
(말소기준권리일:2013-06-11, 소액임차기준일:2013-06-11, 배당요구종기일:2021-01-19)   매각물건명세서 GO / 수익율계산기 GO

임차인	선순위대항력	보증금/차임	낙찰자 인수여부	점유부분	비고
██	전입 : 2020-10-12 (無) 확정 : 2020-10-12 배당 : 2021-01-14	보증 : 10,000,000원	배당액 : 10,000,000원 미배당 : 0원 인수액 : 없음	101.570㎡/주거 (점유:2020.10.12.~20 22.10.12.)	소액임차인
		총보증금 : 10,000,000	/ 총월세 : 0원		

❯ 전입세대/관리비체납/관할주민센터
전입세대 열람내역 보기 GO

전입세대	관리비 체납내역	관할주민센터
이** 2011.06.29 이** 2020.10.12 **열람일 2021.06.14**	• 체납액:178,920 • 확인일자:2021.06.14 • 1개월(21/4) • 전기수도포함가스별도 • ☎ 031-652-2735	평택시 비전2동 ☎ 031-8024-5810

❯ 집합건물등기부등본
(등기부채권총액 : 378,716,031 / 열람일 : 2021.06.10)   집합건물등기 GO

접수일	등기구분		등기권리자	금액	비고
2013-06-11	근저당권	말소	평택농협	144,000,000	말소기준권리
2014-03-25	근저당권	말소	평택농협	24,000,000	
2015-04-20	근저당권	말소	평택농협	36,000,000	
2016-11-23	소유권이전		███		전소유자:███ 사해행위취소
2016-12-06	가압류	말소	중소기업은행(여신관리부)	54,716,031	서울중앙지법 2016카단813260
2016-12-22	근저당권	말소	신용보증기금(화성재기지원단)	120,000,000	
2020-10-30	임의경매	말소	평택농협	청구금액 184,888,274	2020타경7543

임차인현황을 보면 임차인 이○○가 보입니다. 전입신고(2020. 10. 12.)를 하고 확정일자를 받았지만, 말소기준권리(2013. 6. 11.)보다 늦은 날짜이기 때문에 대항력은 없습니다. 하지만 보증금이 1,000만 원이기 때문에 소액임차인입니다. 즉, 새치기 권리를 갖고 있지요. 소액임차인의 최우선변제금은 법원경비 다음 순서로 배당을 받게 됩니다. 그래서 예상 배당표는 다음과 같습니다.

❯ 예상배당표 태인권리분석 보기 **GO**

☞ 최저경매가 및 등기부상의 설정금액을 기준으로 작성이 되고 있으므로 입찰금액이 높아지거나 실 채권액이 설정금액보다 적을 경우에는 배당금액의 변경으로 인해 인수여부 및 인수금액 등에 변화가 생길 수 있습니다. 입찰금액 또는 등기부상 채권금액의 수정 및 그에 따른 예상배당표의 재작성은 태인권리분석의 '정보수정후분석' 기능을 이용하시기 바랍니다. **바로가기**

• 입찰가정가 : 1억 4910만 원 (최저경매가기준)   단위 : 만원

권리	권리자	등기/확정일	전입/사업	채권액	채권배당금	미수금	인수여부	비고
법원경비	법 원	-			299	0	-	-
임차인	●●●●●	2020-10-12	2020-10-12	소액:1,000	1,000	0	말소	배당요구
근저	평택농협	2013-06-11	-	1억 4400	1억 3610	789	말소	말소기준권리
근저	평택농협	2014-03-25	-	2,400	0	2,400	말소	-
근저	평택농협	2015-04-20	-	3,600	0	3,600	말소	-
가압	중소기업은행(여신관리부)	2016-12-06	-	5,471	0	5,471	말소	-
근저	신용보증기금(화성재기지원단)	2016-12-22	-	1억 2000	0	1억 2000	말소	-
임의	평택농협	2020-10-30	-	-	-	-	말소	-
합 계				3억 8871	1억 4910	2억 4261		

그런데 뭔가 이상하지 않나요? 세입자의 전입일은 10월 12일인데, 경매개시결정이 된 날은 10월 30일입니다. 경매 들어가기 보름 전쯤에 세입자가 들어온 것이죠. 경매가 진행되기 위해서는 시간이 여러 달 소요됩니다. 집주인이 대출을 연체하기 시작하면 은행에서는 돈을 갚으라고 하면서 일정 시간을 줄 것이고, 그러다 결국 경매를 넘긴다고 통보하게 되겠지요. 그 후에는 감정평가도 하고, 채권자들이 누가 있는지 조사도 하면서 경매를 준비하게 됩니다. 그렇기 때문에 채무자 본인은 집이 경매로 넘어가게 됨을 잘 알고 있습니다. 세입자 역시 대항력을 갖추지 못하면 쫓겨날 위험이 있기 때문에 이런 등기부등본을 확인했다면 들어올 리 없었겠지요. 그렇다면 집주인은 경매가 진행되는 상황임에도 불구하고 악의적으로 세입자를 들인 것이고, 임차인은 이런 상황을 전혀 모른 채 임대차 계약을 한 것일까요?

위 사건의 경우 대출액이 집값보다 더 큰 것을 알 수 있습니다. 즉, 집이 경매로 낙찰된 후 집주인 손에 떨어지는 돈은 없다는 것입니다. 그렇기 때문에 가짜 임차인을 두고, 약간의 이사비(소액임차인의 최우선변제금)라도 챙기려는 의도가 느껴집니다. 여러분의 생각은 어떠신가요? 주변 시세에 비해 말도 안 되게 높거나 너무 낮은 보증금의 세입자가 들어가 있거나, 임차인의 전입 날짜가 이상하다거나 하면 여러 가지 경우를 따져보거나 집주인의 의도를 파악해 보는 것도 도움이 됩니다.

6주차

6주 만에 마스터하는
친절한 부동산 경매 과외

아는 만큼
쉬워지는
명도의 기술

이제 경매의 마무리를 향해 가고 있습니다. 가장 중요한 단계인 '명도'의 시간인데요, 경매에서 명도는 점유자를 낙찰받은 집에서 내보내는 행위입니다. 사람과 사람 사이의 일이기에 명도도 지혜가 필요합니다. 낙찰자의 권리, 임차인의 위치, 향후 경매 과정과 절차를 잘 이해시키고 서로의 상황을 배려하면서 협조를 구하는 것이 필요합니다. 물론 어떻게 해도 말이 통하지 않고, 최대한의 배려를 했음에도 약속을 자꾸 어기는 임차인이 있을 수 있습니다. 그래서 강제집행을 해야만 하는 상황도 있겠지요. 이를 위해 강제집행 절차도 이해하고 있어야 합니다. 협상이 안 될 시 강제집행을 할 수 있다고 생각은 하되, 그 전까지는 감정은 뒤로 미루고 지혜로운 명도를 위해 노력해야 한다는 것을 꼭 강조하고 싶습니다.

명도가 쉬워지는
두 가지 조건

낙찰자는 악역이 아니다

명도의 정의는 '토지나 건물 또는 선박을 점유하고 있는 자가 그 점유를 타인의 지배하에 옮기는 것'입니다. 낙찰받은 집에서 점유자를 내보내는 일이라 이해하면 되고, 경매에서는 필수로 거쳐야 하는 과정이자, 초보자들이 가장 두려워하는 단계이기도 합니다. 매스컴에 등장한 무지막지한 강제집행의 장면들이 명도에 대한 나쁜 선입견을 만들기도 했고요. 하지만 실제로는 임차인이 보증금을 손해 보는 경우는 집주인의 문제로, 낙찰자와는 무관한 일입니다. 낙찰자는 약자(임차인)를 괴롭히는 존재가 아니라, 결론 나지 않던 채무상황을 정리하고 권리관계를 풀어 주는 존재입니다. 보증금을 돌려받지 못해 초조한 시간을 보내고 있었던 임차인의 고민을 해결해 주는 해결사가 될 수도 있습니다.

이 점을 분명히 알고, 경매를 시작하길 바랍니다.

명도의 대상이 집주인인 경우는 비교적 간단하기 때문에 뒤에서 따로 설명하도록 하고, 우선 임차인의 여러 상황에 따른 명도 난이도를 구별하여 이해해 보도록 하겠습니다. 명도의 난이도는 집주인의 상황과 임차인의 대항력의 유무, 임차인의 보증금 배당 여부 등에 따라 결정됩니다. 명도가 어렵다고 느껴지는 사건의 경우 입찰경쟁률과 낙찰가율이 낮아지는 경우가 많은데요, 현장 임장을 가 보니 명도가 어려울 것으로 예상됐던 임차인이 이사를 빨리 나가고 싶어한다는 것을 알게 된다거나, 이미 유치권이 해결돼서 사라진 상태임을 알게 되는 등 의외로 명도를 쉽게 풀 수 있는 단서를 찾는 경우도 있습니다. 그렇기 때문에 서류상으로 명도가 어려워 보이는 물건이라도 수익을 낼 수 있는 물건이라는 판단이 들면 꼭 현장 임장을 가서 살펴 보시는 것을 권해드립니다.

보증금을 돌려받는 임차인이 명도가 쉽다

어떤 임차인이 빠르게 집을 비워 줄까요? 쉽게 생각해 보면 답이 나옵니다. '보증금을 전액 돌려받고, 집을 나가고 싶은 의지가 있는 임차인'일 것입니다. 우리는 권리분석을 통해 임차인이 보증금을 모두 받는지 알 수 있고, 배당 신청 여부를 통해 임차인의 이사 의지를 가늠할 수 있습니다. 간혹 이사할 의지는 있지만 배당 신청의 절차를 모르거나 기한을 놓쳐 배당 신청이 안 되어 있을 가능성도 있습니다. 이럴 경우 현장 임장을 통해 직접 임차인의 의지를 확인할 수 있어요. 이런 상황에서는 명도에 대해 전혀 부담 없이 입찰할 수 있습

6주 만에 마스터하는 친절한 부동산 경매 과외

니다. 실제 사건으로 살펴볼게요.

배당 신청을 했고, 보증금을 전액 배당받는 임차인

<table>
<tr><td colspan="9" style="text-align:center">서 울 북 부 지 방 법 원</td></tr>
<tr><td colspan="9" style="text-align:right">2021타경110585</td></tr>
<tr><td colspan="9" style="text-align:center">매각물건명세서</td></tr>
<tr><td>사 건</td><td>2021타경110585 부동산임의경매</td><td>매각
물건번호</td><td>1</td><td>작성
일자</td><td>2022.09.28</td><td>담임법관
(사법보좌관)</td><td>생략</td><td>印</td></tr>
<tr><td>부동산 및 감정평가액
최저매각가격의 표시</td><td>별지기재와 같음</td><td>최선순위
설정</td><td colspan="2">2020.10.22. 근저당권</td><td></td><td>배당요구종기</td><td colspan="2">2022.03.07</td></tr>
</table>

점유자 성 명	점유 부분	정보출처 구 분	점유의 권 원	임대차기간 (점유기간)	보 증 금	차 임	전입신고 일자, 사업자등록 신청일자	확정일자	배당 요구여부 (배당요구일자)
안지희	전부	현황조사	주거 임차인	미상	3억3만원	없음	2018.04.27	미상	
	전부(방 3칸)	권리신고	주거 임차인	2018.04.06.부 터 2022.01.현재 까지	310,000,000		2018.04.27.	2018.03.13.	2022.01.10

\<비고\>

매각물건명세서를 살펴보면 임차인 안○○은 전입일자(2018.4.27.)가 말
소기준권리(2020.10.22 근저당권)보다 빨라 대항력을 갖추고 있고, 배당요구
(2022.1.10.)를 했습니다.

◉예상배당표

임차인 배당기준표　주택임대차 소액보증금 범위　상가임대차 소액보증금 범위　태인권리분석

☞ 최저경매가 및 등기부상의 설정금액을 기준으로 작성이 되고 있으므로 입찰금액이 높아지거나 실 채권액이 설정금액보다 적을
경우에는 배당금액의 변경으로 인해 인수여부 및 인수금액 등에 변화가 생길 수 있습니다. 입찰금액 또는 등기부상 채권금액의
수정 및 그에 따른 예상배당표의 재작성은 태인권리분석의 '정보수정후분석' 기능을 이용하시기 바랍니다.

* 입찰가정가 : 7억 6800만원 (최저경매가기준)　　　　　　　　　　　　　　　　　　　단위: 만원

권리	권리자	등기/확정일	전입/사업	채권액	채권배당금	미수금	인수여부	비고
법원경비	법 원	-	-		551	0		-
압류	노원세무서장	2021-08-25	-	체납상당액	교부청구액	0	말소	보기
압류	노원구	2021-11-22	-	체납상당액	교부청구액	0	말소	보기
임차인	안지희	2018-03-13	2018-04-27	3억 1000	3억 1000	0	말소	배당요구
근저	생략	2020-10-22	-	2억 4000	2억 4000	0	말소	말소기준권리
임의	생략	2021-12-23					말소	-
	합 계			5억 5000	5억 5551	0		
	배당잔액			2억 1248		배당 후 남은 금액		

금번 최저경매가기준으로 낙찰됐을 경우의 예상배당표를 보면 임차인 안○○은 보증금을 전액 배당받을 수 있고, 때문에 본 사건이 종료되면 배당을 받고 이사할 것입니다. 이렇게 낙찰가 안에서 충분히 자신의 보증금 전액을 다 받아가는 임차인의 경우가 쉬운 명도입니다.

배당 신청을 하지 않았지만, 대항력이 있어 돈을 다 받아가는 임차인

대항력이 있는데 배당 신청을 안 했을 경우, 임장을 통해 임차인의 의지를 확인할 필요가 있습니다.

서 울 중 앙 지 방 법 원

2022타경556

매각물건명세서

사 건	2022타경556 부동산임의경매		매각 물건번호	1	작성 일자	2022.10.26	담임법관 (사법보좌관)	###	鑑宗
부동산 및 감정평가액 최저매각가격의 표시	별지기재와 같음		최선순위 설정		2021.3.3. 압류		배당요구종기	2022.05.02	

부동산의 점유자와 점유의 권원, 점유할 수 있는 기간, 차임 또는 보증금에 관한 관계인의 진술 및 임차인이 있는 경우 배당요구 여부와 그 일자, 전입신고일자 또는 사업자등록신청일자와 확정일자의 유무와 그 일자

점유자 성 명	점유 부분	정보출처 구 분	점유의 권 원	임대차기간 (점유기간)	보증금	차 임	전입신고 일자. 사업자등록 신청일자	확정일자	배당 요구여부 (배당요구일자)
###	전부	권리신고	주거 임차인	2019.8.16.부터 2023.8.15.까지	590,000,000		2019.8.16.	2019.8.16.	
###		현황조사	주거 임차인				2019.08.16		

〈비고〉
###:주민등록등본상 임차인 ###의 배우자임.
2022. 3. 15.자 권리신고(###, ###)만 하고 배당요구신청을 하지 아니함. 매수인에게 대항력 있는 임차인으로 임대차계약기간까지 임대차지속의사 있음을 신고하였음.

※ 최선순위 설정일자보다 대항요건을 먼저 갖춘 주택·상가건물 임차인의 임차보증금은 매수인에게 인수되는 경우가 발생 할 수 있고, 대항력과 우선변제권이 있는 주택·상가건물 임차인이 배당요구를 하였으나 보증금 전액에 관하여 배당을 받지 아니한 경우에는 배당받지 못한 잔액이 매수인에게 인수되 됨을 주의하시기 바랍니다.

위 사례의 임차인 최○○은 전입일자가(2019. 8. 16.)가 말소기준권리

(2021.3.3. 압류)보다 빨라 대항력이 있는 선순위임차인입니다. 그런데 배당요구 여부를 살펴보니 배당 신청을 하지 않았습니다. 이런 경우는 두 가지입니다. 하나는 임차인이 계약기간까지 더 살겠다는 의지 표현이고, 다른 하나는 상황이 여의치 않아(시간이 없었거나, 절차를 몰랐거나) 배당 신청하는 것을 놓친 것입니다. 두 경우 모두 일단 임차인이 계약기간까지 살겠다는 의지로 알고, 이를 감안하여 입찰을 하면 됩니다. 배당 신청하는 것을 놓친 상황이라 낙찰받고 보니 임차인이 이사를 가고 싶어 한다면 추후 협의를 통해 새로운 임차인을 구하는 조치를 하면 됩니다. 위 사례에서는 〈비고〉란에 임차인이 남은 임대차계약 기간까지 살고자 한다고 적혀 있으니, 임대차계약이 끝나는 시점에 계약 연장 여부를 다시 논의해야 함을 감안해서 입찰을 결정하면 됩니다.

일단 대항력이 있는 임차인은 강제집행이 불가함을 기억해야 하고, 계약기간과 보증금을 인수해야 하는 상황을 이해하고 입찰을 해야 합니다. 물론 인수해야 하는 보증금액을 감안해서 시세보다 싼 경우에 입찰하면 되는 것이지요. 한편으로 낙찰받은 후, 일반적으로는 임차인을 명도하고, 새로운 임차인을 구하여 수익을 창출하기까지 일정 시간이 소요되는데, 임차인이 들어 있는 물건은 초기 투입비가 적게 들고, 새로운 임차인을 구하는 시간이나 수고를 들일 필요도 없어 상황에 따라서는 장점이 될 수 있습니다. 보증금만 다 돌려받는다면 계약기간이 종료되어 임차인은 집을 빼 줄 것이기 때문에 쉬운 명도에 속합니다.

대항력이 없지만 전액 배당받는 임차인

서 울 남 부 지 방 법 원

2021타경6935

매각물건명세서

사 건	2021타경6935 부동산임의경매			매각물건번호	1	작성일자	2022.08.30.		담임법관 (사법보좌관)			
부동산 및 감정평가액 최저매각가격의 표시	별지기재와 같음			최선순위 설정		2008.07.21. 근저당권			배당요구종기		2022.03.14.	

부동산의 점유자와 점유의 권원, 점유할 수 있는 기간, 차임 또는 보증금에 관한 관계인의 진술 및 임차인이 있는 경우 배당요구 여부와 그 일자, 전입신고일자 또는 사업자등록신청일자와 확정일자의 유무와 그 일자

점유자 성 명	점유 부분	정보출처 구 분	점유의 권 원	임대차기간 (점유기간)	보 증 금	차 임	전입신고 일자, 사업자등록 신청일자	확정일자	배당 요구여부 (배당요구일자)
	701호	현황조사	주거 임차인	미상	5억7,000만원	없음	2017.02.24. (전입세대 열람내역 상 세대주 의 전입일자는 2017.02.24. 임)	미상	
	701호 전부	권리신고	주거 임차인	2017.02.24.~	570,000,000		2017.02.24.	2017.02.24.	2021.12.16

〈비고〉
: 보증금 5억7천만원 중 2019.02.22.에 증액한 5천만원에 대한 확정일자는 2019.02.22.이며, 2021.02.24.에 증액한 3천만원에 대한 확정일자는 2021.02.24.임.

위 사례의 임차인 고○○은 전입일(2017.2.24.)이 말소기준권리(2008.7.21. 근 저당권)보다 늦어 대항력이 없는 후순위임차인이고 배당 신청(2021.12.16.)을 한 상황입니다. 이 건은 이미 낙찰이 된 사례로 실제 어떻게 배당이 되었는지 살펴보겠습니다.

낙찰가 기준으로 만들어진 예상배당표를 보면 임차인 고○○은 자신의 보증금과 증액된 보증금까지 모두 받아가는 것으로 계산됩니다. 집값에 비해 대출액이 적었기 때문에 대항력이 없는 후순위임차인인 상황임에도 보증금을 모두 받아가는 것이지요. 이럴 경우 낙찰자가 인수할 권리도 없기 때문에 명도

는 전혀 문제될 것이 없습니다.

◉예상배당표   임차인 배당기준표   주택임대차 소액보증금 범위   상가임대차 소액보증금 범위   태인권리분석

* 입찰가정가 : 12억 7201만원 (낙찰가기준)   단위: 만원

권리	권리자	등기/확정일	전입/사업	채권액	채권배당금	미수금	인수여부	비고
법원경비	법 원	-	-	-	629	0	-	-
압류	강서세무서장	2019-11-19	-	체납상당액	교부청구액	0	말소	보기
압류	강서구	2021-11-08	-	체납상당액	교부청구액	0	말소	보기
압류	서울특별시강서구	2021-11-10	-	체납상당액	교부청구액	0	말소	보기
근저	신한은행(우장산역지점)	2008-07-21	-	1억 8000	1억 8000	0	말소	말소기준권리
임차인	▨▨▨	2017-02-24	2017-02-24	4억 9000	4억 9000	0	말소	배당요구
임차인	▨▨▨(증액분)	2019-02-22	2019-02-22	5,000	5,000	0	말소	배당요구
임차인	▨▨▨(증액분)	2021-02-24	2021-02-24	3,000	3,000	0	말소	배당요구
가압	케이비국민카드	2021-10-07	-	1,852	1,852	0	말소	-
가압	신한카드	2021-11-10	-	723	723	0	말소	-
임의	신한은행(여신관리부)	2021-12-09	-	-	-	-	말소	-
압류	국민건강보험공단(강서지사)	2021-12-21	-	-	0	0	말소	보기
합 계				7억 7576	7억 8206	0		
배당잔액				4억 8994		배당 후 남은 금액		

POINT

쉬운 명도의 조건 두 가지

① 임차인이 보증금을 전액 배당받는다

    → 권리분석을 통해 확인

② 임차인이 이사할 계획이 있다

    → 배당 신청 여부, 매각물건명세서의 비고란 확인

※ 배당 신청을 하지 않은 임차인이라도 이사 의지를 확인할 필요가 있다

이사비는 의무가 아니다

임차인에게 무조건 이사비를 줘야 할까?

간혹 명도를 하려고 낙찰받은 집을 방문해 보면 낙찰자가 이사비를 주는 것이 당연하다 생각하고 이사비를 요구하는 점유자를 보게 됩니다. 보증금의 일부 또는 전부를 돌려받지 못해 손해가 있는 경우, 그 손해를 낙찰자에게 이사비로서 조금이라도 보상받고자 하는 경우도 있습니다. 경매를 배우는 사람들 중에서도 낙찰 후 명도를 할 때 무조건 이사비를 줘야 한다고 알고 있는 경우도 많이 보았습니다. 그게 사실일까요?

분명히 할 것은 이사비는 당연히 주는 것이 아니라, 협상을 더 빠르고 수월하게 하기 위한 하나의 수단이라는 사실입니다. 낙찰자는 이사비를 통해 이사 시기를 더 유리하게 조율할 수 있습니다. 만약 대항력이 없는 임차인이라면 '인도명령'의 대상으로 '강제집행'을 할 수 있기 때문에 결국에는 나갈 수밖에 없는 위치입니다. 임차인은 절대 버틸 수 없는 상황이고, 낙찰자는 무조건 내보낼 수 있는 것이지요. 그렇기 때문에 이 경우에는 버티는 것이 소용이 없다는 것을 알리고, 빨리 이사를 나가 주면 '이사비'를 줄 수 있다고 제안함으로써 이사 시기를 확정할 수 있는 것입니다. 임차인 입장에서는 이사비가 의무가 아님을 정확히 이해하고, 자신이 오래 버틸 수 없다는 것을 인지한다면 협조를 통해 조금이라도 이사비를 받고 나가는 것을 택하게 됩니다.

예를 들어 보증금을 많이 잃게 된 임차인을 명도해야 하는 상황이라고 합시다. 물론 입찰을 할 때부터 임차인의 이런 상황은 다 알고 있었습니다. 실제 가서 보니, 피해자가 된 임차인의 상황이 정말 딱합니다. 실제로 이사를 나가고 싶지만, 전재산과 다름없는 보증금을 잃게 되어 경제적으로 어려운 상황일 것입니다. 이럴 땐 상대가 이사하는 데에 실질적으로 도움이 될 수 있는 이사비를 위로조로 주면서 빠른 명도를 이끌어 내는 것이 낙찰자 본인도 마음이 편할 수 있습니다. 임차인이 나가기 싫어 나가지 않는 것이 아니라 진짜 돈이 부족해서 나가기 어려울 수 있기 때문이지요.

보증금으로 인한 피해가 있는 임차인일 경우에는 억울한 부분이 있을 것이고, 이를 이사비로 보전하려는 희망이 있을 수도 있습니다. 하지만 낙찰자가 피해 보상해 주는 위치가 아님을 확실히 해야 합니다. 임차인이 입은 피해의 원인은 낙찰자가 아니기 때문입니다. 상대의 피해에 대해 공감을 표시하고 위로를 전하는 한편 이사비를 통해 명도 협상이 잘 진행될 수 있도록 조율해 나가야 합니다.

이사비로 얼마를 줘야 하나

이사비의 금액은 낙찰자와 점유자의 상황, 성향, 심리에 따라 많이 차이가 납니다. 하지만, 미리 이사비의 기준을 세워 둘 필요가 있습니다. 낙찰자에게 는 직접적으로 수익률을 변동시키는 요인이 되기 때문입니다. 따라서 명도협 상을 시작하기 전에 상한선의 기준을 잡는 것이 좋습니다. 기준은 강제집행을 할 때 드는 비용으로 잡는 것을 추천하는데요, 강제집행을 했을 때 드는 비용 은 평당 약 10만 원 정도입니다. 그러므로 명도할 물건이 15평의 빌라면 150만 원 정도를 이사비의 상한선이라고 생각한 후 협상을 진행합니다.

소유권이 이전되면서부터 낙찰자의 대출 이자가 발생됩니다. 임차인과 협 상하는 그 순간에도 대출이자가 발생되고 있는 것이지요. 따라서 임차인이 일 찍 이사를 가서 빨리 다음 임차인을 받거나 수익창출을 할 수 있게 된다면 '낙 찰자가 지불하는 이자'를 줄여 주는 효과가 있으므로 그 이득을 이사비로 제안 할 수 있습니다.

집주인이거나 모든 보증금을 다 받아가는 임차인을 명도할 경우에는 이사비 는 전혀 줄 필요가 없습니다. 임차인이 배당을 받기 위해서는 낙찰자의 '명도확 인서'가 필요하므로 협상을 할 수 있는 키도 갖고 있습니다. 배당 절차를 설명해 주고, 이사날짜를 협상합니다. 이사를 나가야 명도확인서를 받을 수 있고, 이를 통해 배당을 받을 수 있으므로 점유자는 당연히 낙찰자에게 협조를 해 줄 것입 니다. 일반 부동산에서 매매를 할 때, 또는 전세 세입자를 보증금을 주고 내보낼 때 이사비를 주지 않는 것처럼 상황은 동일하다고 생각하면 됩니다. 협상을 유 리하게 이끌고 나에게 실질적으로 이득을 주는 경우에만 약간의 이사비를 제안 할 수 있다고 기억해 두면 되겠습니다.

명도가 어렵다고
포기하지 말자

최악의 경우 인도명령을 통해 해결된다

어떤 상황에서 명도가 가장 어려울까요? 이렇게 질문을 바꿔 보면 답이 쉽게 나옵니다. '어떤 사람이 집을 비워 주지 않으려고 할까요?' 자신의 보증금을 다 돌려받지 못한 임차인이 억울하다며 이대로 나갈 수 없다 할 수 있겠고, 인테리어비나 건축비를 마저 다 받지 못해 유치권*을 주장하고 있는 회사도 돈을 다 받을 때까지 버티려고 할 것입니다. 여러 상황이 있을 수 있습니다. 우리는 제공되는 서류를 통해 그리고 권리분석과 임장을 통해 점유자의 상황을 확인하고 유추할 수 있습니다. 사전에 명도단계의 난이도도 따져서 입찰을 결정해야 합니다.

★유치권
유치권자가 채권을 변제받을 때까지 그 물건이나 유가증권을 유치할 수 있는 권리

경매에는 명도가 잘 안 되는 최악의 경우에 법의 힘으로 내보낼 수 있는 '인

도명령제도'라는 것이 있습니다. 이 제도는 낙찰자를 보호하는 법이자, 절차도 매우 간단합니다. 공매*와 경매가 비슷하지만, 공매에는 이 인도명령제도가 없습니다. 그래서 공매의 경우 명도 협상이 잘 이뤄지지 않을 경우 '인도소송'을 통해 해결해야 하는데, 인도소송은 기간, 비용이 많이 소요되는 힘든 과정입니다. 입찰이 편리한 공매보다 경매가 더 인기가 많은 이유가 바로 여기에 있다 생각합니다.

★ 공매

국유재산, 압류재산, 수탁재산, 그리고 지자체나 공공기관이 소유한 공공자산 등을 대상으로 국가기관이 강제권한을 가지고 행하는 매매

인도명령의 대상이 확실하다면 문제는 없다

중요한 것은 임차인에게 어떤 사정이 있든, 끝까지 버티겠다는 마음을 먹었든 간에 '대항력'이 없다면 결국 집을 비워 줘야 한다는 점입니다. 그러므로 ① 권리분석 시에 명도 협상의 가능성(명도의 난이도)을 따져 보고, 명도 협상이 잘 이뤄지지 않는 경우 ② '인도명령'을 통한 강제집행으로 내보낼 수 있는 상대인가를 확인해야 합니다.

인도명령을 통해 강제집행이 가능한 경우와 대항력이 있어 인도명령이 불가한 임차인이더라도 추후 돈을 돌려받고, 계약기간이 종료되면 나가게 되는 경우는 충분히 해 볼 만한 명도라 할 수 있습니다. 강제집행이 불가한 점유자가 있거나 손해가 커서 저항이 예상되는 경우 입찰을 포기하면 됩니다. 쉬운 명도부터 경험을 쌓고, 자신의 해결능력에 맞춰서 도전해 보면 되니, 경매를 시작하기도 전부터 명도에 겁을 먹을 필요는 없습니다.

명도 난이도가 어렵다고 판단되는 물건을 잘 피하고, 최악에서는 강제집행

을 염두에 두고 낙찰을 받은 상황이라면 대부분은 협상을 통해, 또는 이사비 제안을 통해 충분히 해결될 것입니다.

따라서 어려운 명도는 인도명령제도 대상이 아니고, 협상으로도 내보내기가 어려운 상황이라고 할 수 있습니다. 유치권을 신고하여 버티는 대상이 대표적입니다.

비고란
1. 2019.12.4.자   로부터 공사비채권을 위하여 이 사건 건물 전부에 관하여 유치권신고가 있었고, 신고금액은 11,973,720,000원 및 이에 대하여 2011. 3. 15.부터 다 갚는 날까지 연 6%이고, 신고된 유치권과 관련된 판결이 선고, 확정되었음(서울북부지법 2015가합22933, 2015가합26928).   2. 대지사용권이 없으므로 건물만 매각, 최저매각가격은 건물만의 평가액임.

공사비를 이유로 유치권 신고가 되어 있다는 내용

오랜 시간 공실이었거나 해외거주 등의 이유로 점유자와의 연락 자체가 어려운 상황도 쉽지 않은 명도가 될 것입니다. 협상을 통해 점유자와 날짜, 이사 조건 등을 논의하고 내보내야 하는데, 이게 불가능해지니까요. 오랜 시간 공실인 집의 경우 내부 관리 상태, 미납 관리비의 해결 문제도 있을 수 있습니다. 점유자가 해외에 거주하고 있거나 사정상 연락이 수월하지 않는 경우는 입찰 전에 미처 알기 어려울 수 있습니다. 임장 시 점유자를 꼭 만날 수 있는 것도 아니니까요. 운의 영역이기도 합니다. 하지만, 인도명령 대상이라면 인도명령을 통해 명도를 해결할 수 있을 것입니다.

자신만의 명도 기준을 세워라

임차인이 너무 연로하거나 몸이 아픈 경우도 어려운 명도가 될 수 있습니다. 저희 시할머니는 연세가 100세에 가깝습니다. 요양원으로 옮기기 전에는 한 집에서 30년 넘게 임차인으로 거주하셨습니다. 집주인 역시 100세 가까이 되신 할머니셨고요. 그 집에 가서 상상해 보았습니다. 만약 이 집이 경매로 나오게 된다면 어떨까 하고 말이죠.

10년도 넘게 살고 있었던 연로한 임차인이 명도 대상으로 있는 경매 물건을 본 적이 있었는데, 저희 시할머니의 상황이 오버랩되었습니다. 전세보증금이 너무 오랜 기간 그대로였기 때문에 이제 그 돈으로는 다른 곳으로 이사를 갈 수도 없는 상태인데, 이런 임차인을 협상이나 인도명령제도를 통해 내보내는 상상만으로도 마음이 불편해져서 입찰을 포기했습니다. 법적으로는 쉽게 내보낼 수 있는 대상이지만, 그저 제 마음이 불편한 것이었죠.

저는 이런 경우가 예상되면 입찰을 하지 않습니다. 굳이 이런 물건이 아니더라도 다른 수익이 날 만한 물건들이 많이 있으니까요. 이렇듯 사람들마다 개인적으로 선호하는 물건, 꺼려지는 물건, 임장하는 방법, 명도하는 스타일이 다를 수 있습니다. 자신만의 기준을 세우고, 노하우를 쌓아 가는 것이 중요합니다.

명도가 어려울 것으로 예상했는데, 의외로 수월하게 해결되는 경우도 있고, 전혀 문제가 없다고 생각했던 상황에서 예상치 못한 어려움을 겪게 되는 경우도 마주하게 됩니다. 어떤 방법으로도 성공적인 명도가 그려지지 않는다면 입찰을 포기하는 것도 하나의 방법입니다. 하지만 어떤 상황이든 자신이 할 수 있는 부분에 집중하고, 최선을 다해 대비하면 된다고 말씀드리고 싶습니다. 예상치 못한 어려움을 지혜를 발휘해서 해결해 나간 경험은 추후에 나의 실력이 되고, 재산이 될 것입니다.

명도를 하기 전에 미리 상황을 시뮬레이션해 보고 준비한다면 보다 능숙하게 내가 원하는 대로 협상을 이끌어 낼 수 있겠지요? 바로 다음에서 생생한 명도 현장의 대화를 보여드릴게요.

명도 시뮬레이션

경매가 쉬워지는 실전 노하우

생생한 실제 상황을 경험하실 수 있게 낙찰 후 명도과정을 시뮬레이션해 보겠습니다. 명도에 정답은 없고, 상황에 따라 대응해야 하지만, 명도의 전반적인 흐름을 상상하고 대비하는 데 좋은 참고가 될 수 있으리라 생각합니다.

낙찰을 받게 된 날, 가능하면 바로 현장을 방문합니다. 그날 바로 점유자를 만날 수도 있지만, 상대에게도 준비 시간을 주는 것도 좋습니다. 제 경우 포스트잇을 붙여 놓고 나옵니다.

안녕하세요?
낙찰자 ○○○입니다.
연락 부탁드리겠습니다.
010-xxx-xxxx
감사합니다.

그럼 보통 다음날이나 며칠 이내에 점유자 측에서 연락이 옵니다. 이때 이사비나 이사 날짜를 바로 얘기하지는 말고, 방문할 날짜를 정합니다. 이때에 장소는 반드시 점유자 집으로 합니다.

점유자   "○월 ○일 ○시에 집 앞 커피숍에서 뵐까요?"

낙찰자   "아니요, 사장님. 제가 집으로 방문을 좀 드리겠습니다. 집 안 상태도 제가 아직 보지
      못한 상황이라 양해 좀 부탁드리겠습니다. 제가 가서 향후 배당 절차도 알려 드리고,
      이사 날짜도 논의해 보시죠."

선택의 여지 없이 애초에 집으로 방문하겠다고 말하는 것이 좋고, (그럼 대부분 집으로 약속을 정하게 됩니다) 만약 점유자 측에서 집이 아닌 곳을 제안한다면 집으로 꼭 방문해야 한다고 양해를 구하세요. 집을 제대로 볼 수 있는 기회이기 때문입니다. 집을 방문해서 살펴봐야 추후 임차인을 받기 위해 어느

252

6주 만에 마스터하는 친절한 부동산 경매 과외

선에서 인테리어를 해야 하는지, 내부에 자신이 체크하지 못한 문제는 없는지 살펴볼 수 있습니다.
그렇게 약속을 한 후, 집을 방문할 때에는 빈손으로 가는 것보다는 비타민 음료 같은 소정의 선물을
들고 가길 바랍니다. 그리고 제가 쓰는 방법인데, 본인이 아닌 대리인의 역할이 되어 명도를 진행하는
방법도 있습니다. 상대방 호칭은 사장님이나 여사님으로 합니다.

■ 법인으로 받은 경우
"안녕하세요. 저는 이번에 물건을 낙찰받은 ㈜□□□의 ○○○실장이라고 합니다."

■ 개인명으로 받았을 경우
"저는 이번에 이 집을 낙찰받은 ○○○의 대리인입니다. 그분은 저희 회사 사장님이시고요. 제가 직원입니다."

저는 대리인의 입장으로 명도를 진행하는데, 여기에는 여러 가지 장점이 있습니다. 먼저 비교적 빠르게 핵심 내용 위주로 대화할 수 있습니다. 이사비를 더 많이 받아야겠다고 결심한 점유자라고 하면 이를 위해 자신의 상황이나 사연을 늘어놓으면서 이야기가 길어지고 본격적인 협상에 이르기까지 시간이 많이 소요될 수 있습니다. 그런데 상대하는 사람이 당사자가 아니라 대리인일 경우 점유자는 자신의 상황에 대해 핵심 내용을 요약, 정리해서 대리인이 낙찰자에게 잘 전달할 수 있도록 노력하게 됩니다. 불필요한 이야기들이 생략되는 효과가 있는 것이지요.
그리고 또 다른 장점은 상대의 의중을 훨씬 편하게 알 수 있습니다. 협상을 위해서는 상대의 생각을 잘 알아야 하는데, 중간의 대리인을 통해 전달이 되기 때문에 낙찰자의 생각을 표시하기 전에 점유자의 생각부터 쉽게 알 수 있게 됩니다.

낙찰자 "저희 사장님은 부동산 투자를 많이 하시고, 바쁘신 분이라 저 같은 직원들이 명도를 맡아서 처리하거든요. 앞으로 이사와 관련된 내용은 모두 저와 논의하시면 되고요. 경매 절차 관련되어서 궁금하신 것들도 제게 말씀하시면 제가 도와드리겠습니다. 사장님(점유자를 뜻함)께서는 이사 날짜를 언제쯤 생각하고 계시나요?"

점유자   "경매가 처음이고, 어떻게 진행되는지를 모르니, 이제서야 이사를 생각해 보게 되는 거지요. 한 석 달 줘야 되지 않겠어요?"

낙찰자   "제가 경매 절차를 말씀 드릴게요. ○월 ○일에 낙찰을 받았기 때문에 ○월 ○일(대략 한 달 반 뒤)까지 대금을 납부해야 되거든요. 돈을 내면 그 후로 2주 정도 후에 배당기일이 잡힙니다. 이때 배당을 받으시려면 '명도확인서'가 필요한데, 그 서류는 이사를 나가신 것을 확인하고 드릴 수 있기 때문에 지금부터 두 달 안에는 집을 비워 주셔야 해요."

점유자   "절차가 그렇게 되는군요. 만약 제가 못 나간다 하면 어떻게 되는 거예요?"

낙찰자   "소유권이전등기를 할 때 법무사님이 인도명령 신청을 의례껏 같이 진행해요. 그런 일이 일어나면 안 되겠지만, 인도명령을 신청하고, 그걸로 강제집행을 할 수 있게 되거든요. 사장님은 대항력이 없어서 인도명령 신청이 가능하고, 강제집행이 되면 강제로 짐도 옮겨지고, 강제로 집을 나가셔야 해요. 나중에 짐을 찾는 데 보관비용도 내셔야 하고, 결국 비용도 더 들고, 절대 그렇게 나가시면 안 돼요. 어차피 결국 나가셔야 하는 상황이시니, 저와 잘 협상을 하셔서 최대한 일정을 맞추시고, 이사를 하시는 게 사장님한테도 좋습니다."

이사를 나가야 하는 상황에서 임차인은 결국 버틸 수 없고, 버티는 것으로 이사비나 어떤 것을 요구하는 것 역시 소용이 없다는 사실을 명확히 알려주는 것이 좋습니다. 강제집행을 할 수 있다는 카드로 협박을 하거나 상대가 자존심이 상하도록 하면 안 됩니다. 예의를 갖추고, 진행되는 내용을 사실 그대로 알려 주면 됩니다. 실제로 강제집행을 할 경우 가장 큰 피해를 보는 것이 임차인이기 때문에 향후 절차를 정확히 이해하고, 강제집행이 어떻게 진행되는지 안다면 이를 택하는 점유자는 거의 없을 것입니다. 결국 점유자가 가장 중요하게 생각하는 '이사비' 내용이 빠르게 나오게 될 것입니다.

점유자   "그럼 이사비는 얼마를 줄 건가요?"

낙찰자   "아, 이사비요? 사장님께서는 이사비를 어느 정도 생각하고 계시나요?"

점유자   "저는 한 500만 원은 받아야 된다고 생각하거든요."

이사비와 이사 날짜를 논의하는 것이 명도의 핵심입니다. 중요한 것은 상대의 생각을 먼저 파악하고,

이를 잘 협상해 나가는 것이지요. 만약 집주인이 직접 살고 있는 물건이거나, 보증금 배당을 모두 다 받아가는 경우에는 이사비를 줄 필요는 없습니다. 그런데 경매라면 무조건 이사비가 당연하다고 생각하는 사람들도 있습니다. 낙찰자 입장에서 애초에 이사비를 주지 않겠다고 생각했거나, 이사비를 줄 필요가 없는 상황이라면 애초에 이사비를 줄 수 없다는 것을 확실하게 알려 기대하지 않도록 할 필요가 있습니다. 태도를 불분명하게 취하면 기대하게 되고, 협상이 불편해질 수 있습니다.

위 예시 상황에서는 만약 임차인이 일찍 나가 준다면 100만~200만 원 정도 이사비를 줄 생각으로 낙찰을 받은 물건이라고 가정하고 계속 진행해 보도록 하겠습니다. 임차인의 이사비 의사를 물어보니, 500만 원이라는 숫자가 나왔습니다. 낙찰자는 100만~200만 원 정도를 생각했었는데, 갭이 크네요.

낙찰자   "아, 500만 원이요? 사장님, 저희가 이사비를 그렇게 많이 드릴 수는 없어요. 보증금을 돌려받지 못해서 실제 이사비가 없어 이사를 가지 못하는 상황이거나 피해가 큰 경우, 낙찰자가 위로 차원에서 드리는 게 이사비거든요. 이사비를 주는 게 낙찰자의 의무가 아니고, 안 줘도 무관한 것인데 상황에 따라 간혹 드리는 상황이 있는 거예요. 그리고 만약 협상이 안 되는 경우라면 강제집행을 할 수 있는데, 강제집행을 해도 200만 원 정도밖에 안 들거든요. 그렇기 때문에 500만 원을 이사비로 드릴 수 없는 것이죠."

재건축을 하거나 어떤 상황에서 강제로 이사하게 될 경우 보상 차원에서 이사비를 보고 들은 경험이 있는 분들은 경매에서의 이사비도 그렇게 기대하는 경우가 많은데요. 경매에서의 이사비는 실비이고, 이것 역시 낙찰자가 줄 의무가 원래는 없는 것임을 잘 이해시키면서 협상을 시작해야 합니다. 자신이 생각했던 이사비 상한선과 점유자 측에서 나온 금액의 차이가 크다면 애초에 확 낮춰서 협상이 시작될 수 있도록 해야 하고, 이사비가 전혀 책정되지 않은 사건인 경우 애초에 이사비는 없다는 내용을 확실히 해야 합니다. 임차인이 제시하는 금액을 먼저 듣고, 그 금액에 대한 답은 다음에 하는 것이 또 포인트입니다. 낙찰자가 생각하는 금액을 섣불리 말하지 마세요.

낙찰자   "사장님, 제가 여기에서 일을 몇 년 했는데, 저희 사장님께서는 이사비를 거의 주지 않고 명도를 진행합니다. 그동안 이사비라고 해 봤자, 50만 원? 100만 원? 그게 제일 많이 드리는 거였어요. 우선 제가 내일 회사로 돌아가서 사장님께 말씀 드려 보고, 다시 연락을 드리겠습니다. 사장님께서는 이사 준비는 내일부터 바로 알아봐 주시고요. 이사 날짜 정해지시면 제게 또 알려주세요."

이렇게 첫날은 집 상태를 확인하고 상대의 생각 위주로 듣고 돌아오면 됩니다. 그리고 배당을 받을 수 있는 절차도 안내해 줌으로써 자신이 도움을 줄 수 있는 사람이라는 것을 표현합니다.

낙찰자 "사장님, 배당받으셔야 하니까, 제가 설명해 드릴게요. 배당을 받으시려면 임대차계약서랑, 신분증, 명도확인서랑 낙찰자의 인감증명서가 필요해요. 명도확인서랑 인감증명서는 사장님께서 이사 나가시면 빈 집을 확인하고 드릴 거예요. 이 서류들을 가지고 배당 기일에 법원에 가서서 영수증을 받아 법원 1층 은행에 방문하시면 배당을 받으실 수 있어요. 앞으로 경매 진행절차나 궁금하신 것 있으시면 언제든지 제게 연락 주시고, 편히 물어보세요."

대부분의 임차인은 이런 경우가 처음이기 때문에 불안할 것입니다. 편히 물어볼 곳이 없어 많이 답답한 상태일 것인데, 낙찰자의 대리인이 친절하게 설명해 준다면 안심이 될 것입니다.
다음날, 임차인에게 전화를 걸어 낙찰자의 의견을 전달합니다.

낙찰자 "사장님, 제가 저희 사장님께 이사비를 좀 말씀을 드려봤는데요. 제가 예상했던 것처럼 이사비는 생각하고 있지 않다고 하시더라고요. 그래도 제가 이 분은 이사 날짜도 빨리 해 주시겠다고 했고, 협조도 잘 해 주실 분이시니 이사비를 좀 책정해 주십사 부탁드렸더니, 저희 사장님께서 이렇게 제안을 주셨어요. 이사 날짜를 빨리 정해 주시고, ○월 ○일 전까지 집을 비워 주신다면 이사비를 150만 원을 드리고, 날짜가 그 뒤로 미뤄지면 이사비는 주기 어렵다고 하셨어요. 그러니까 사장님, 어차피 나가셔야 하는 거 좀 서둘러서 날짜를 맞춰 주세요. 그렇게 하셔서 이사비를 받고 나가시는 게 더 나으시지 않겠습니까?"

임차인이 빨리 이사를 가는 것이 유리하고, 버티는 것은 하등의 이득이 없음을 잘 설명해야 합니다. 인도명령을 통한 강제집행까지 갔을 경우의 절차와 피해를 알게 된다면 결국 임차인은 명도협상에 응해서 일정의 이사비를 받는 것이 지혜로운 선택임을 알고 이를 택하게 될 것입니다.

■ 명도확인서

명도확인서

사건번호 :

이　름 :

주　소 :

　위 사건에서 위 임차인은 임차보증금에 따른 배당금을 받기 위해 매수인에게 목적부동산을 명도하였음을 확인합니다.

첨부서류: 매수인 명도확인용 인감증명서 1통

년　　　월　　　일

매 수 인　　　　　　　　(인)

연락처(☎)

지방법원　　귀중

결국 임차인은 이사비를 받고 약속 날짜에 이사를 가기로 합니다. 이삿날이 되면 짐이 다 정리될 때 즈음 맞춰 집을 방문하고, 이삿짐이 다 빠지면 집의 상태를 점검합니다. 열쇠를 넘겨받고 가스, 수도, 전기 공과금을 다 냈는지 확인하고, 집 안 상태를 살펴보고, 이상이 없으면 임차인에게 '인감증명서'와 '명도확인서'를 줍니다. 새로운 곳에 가서 더 행복하게 잘 사시라는 인사말도 붙이며 감사를 전합니다. 이렇게 명도가 마무리되었습니다.

명도의 정답은 없고, 상황에 따라 융통성을 발휘해서 대응해야 합니다. 타인의 여러 사례들과 노하우들을 보면서 자신의 상황에 대입해 보고, 상황에 맞는 최선의 선택을 해 나가길 바랍니다.

간단하지만 효과적인 수단,
인도명령

낙찰자가 낙찰대금을 완납했다면 대항력이 없는 점유자는 집을 비워 주어야 합니다. 하지만, 명도가 잘 되지 않을 경우가 더러 있습니다. 이사비나 날짜가 조율이 안 된다거나 의도적으로 버티거나 하는 경우입니다. 이 경우에 강제로 내보낼 수 있도록 조치를 취하는 것이 바로 인도명령제도입니다. 인도명령 대상은 채무자 및 소유자, 전액 배당받는 선순위임차인, 후순위임차인입니다. 대항력이 있는 임차인, 유치권자는 인도명령이 불가합니다.

인도명령은 낙찰 후 대금을 완납한 후 6개월 안에 신청하면 됩니다. 만약 이 기간을 넘기게 되면 그땐 인도명령제도가 아니라 명도소송을 제기해야 합니다. 소송의 경우 기한이 최소 6개월에서 1년이 걸리고 변호사 비용도 들기 때문에 소송이 아닌 인도명령으로 해결해야 합니다.

이런 경우가 있을 수 있습니다. 점유자와 명도 협상이 잘 되어서 어느 날짜까지 집을 비워 주겠다고 약속을 했습니다. 그런데 그 즈음이 되자, 집을 구하지 못했다면서 조금만 날짜를 미뤄 달라고 하는 것입니다. 낙찰자는 상황을 조금 더 봐 드리기로 합니다. 이렇게 진행하다 보니, 어느덧 6개월이 흘렀습니다. 그런데 점유자의 태도가 바뀌었습니다. 이젠 노골적으로 나가지 못하겠다고 버팁니다. 낙찰자는 그제서야 아차 싶어 인도명령 신청을 하려고 합니다. 그런데 이미 6개월이 흘렀기 때문에 이젠 소송할 수밖에 없게 되었습니다. 이젠 시간과 돈이 더 많이 들게 된 것이지요.

낙찰자는 점유자를 배려하는 마음으로 시간을 여유롭게 주고, 계속 미뤄 달라는 부탁도 들어주었지만, 결과는 이렇게 되어 버렸습니다. 그렇기 때문에 소유권이전등기촉탁을 하면서 동시에 인도명령신청을 합니다. 현재 점유자와 명도협상이 잘 진행되고 있다고 하더라도 해 놓는 것이 좋습니다. 인도명령신청 과정은 다음과 같습니다.

인도명령신청서를 경매계에 신청하면 3일 이내에 인도명령결정이 떨어집니다. 그리고 점유자에게는 인도명령결정문이 우편으로 갑니다. 만약 점유자가 낙찰자와 언제까지 집을 나가기로 약속을 하고 이사 준비를 하고 있었는데,

인도명령신청 절차

인도명령 신청서 경매계에 신청 → 결정 (당일~3일 내) 또는 심문기일 지정 → 결정문 피신청인 송달 → 인도명령결정문 + 송달증명원으로 강제집행 신청

6주 만에 마스터하는 친절한 부동산 경매 과외

갑자기 인도명령결정문을 받게 되면 점유자 입장에서는 '나를 강제집행으로 쫓아내겠다는 건가?' 하고 당황스러울 수 있습니다. 그렇기 때문에 소유권이전등기촉탁과 동시에 인도명령신청을 한 후, 점유자에게는 곧장 연락하여 인도명령결정문이 우편으로 갈 것이라고 미리 일러 두는 것이 좋습니다. 이는 강제집행을 하겠다는 뜻이 아니라, 소유권이전등기를 하며 의례껏 하는 것이니, 서류를 받고 놀라지 마시라고 일러 두면 좋습니다.

강제집행할 생각이 없더라도 이 인도명령결정문이 점유자에게 발송되는 것은 낙찰자에게도 도움이 됩니다. 혹여나 다른 마음을 갖고 있거나 버텨 볼까 했던 점유자도 이 서류를 보게 되면 자신이 강제집행이 될 수 있음을 서류로 확인하게 되면서 집을 약속한 대로 빼 줘야 한다는 것을 다시금 상기할 수 있으니까요.

만약 강제집행을 할 경우, 낙찰자는 인도명령결정문과 송달증명원*을 갖고 추후 강제집행을 신청하면 됩니다. 강제집행은 최후의 수단입니다. 명도 노력을 별로 하지 않은 채 강제집행을 해 버리면 된다고 쉽게 생각하지 않았으면 합니다. 최대한 협상을 통해 점유자가 스스로 나가게 하면서 명도를 마무리 짓는 것이 서로의 시간과 돈을 아끼는 일임을 다시금 강조하고 싶습니다.

★송달증명원
점유자에게 서류가 갔다는 것을 증명하는 서류

■ 부동산인도명령 신청서 예시

부동산인도명령신청서

<table>
<tr><td>수입인지
1,000원</td></tr>
</table>

사건번호 : 20   타경   부동산강제(임의)경매

신 청 인 : ○○○

    (주소)

피신청인 : ○○○

    (주소)

신 청 취 지

피신청인은 신청인에게 별지 목록 기재 부동산을 인도하라는 재판을 구합니다.

신 청 이 유

위 사건에 관하여 신청인(매수인)은 20 . . . 매각대금을 낸 후 피신청인(□채무자, □소유자, □부동산 점유자)에게 별지 기재 부동산의 인도를 청구하였으나 피신청인이 이에 불응하고 있으므로, 민사집행법 제136조 제1항의 규정에 따른 인도명령을 신청합니다.

20 . . .

신청인(매수인)   (서명 또는 날인)

(전화번호 :   )

○○지방법원 (○○지원) 귀중

※ 유의사항

1. 매수인은 매각대금을 낸 뒤 6개월 이내에 채무자·소유자 또는 부동산 점유자에 대하여 부동산을 매수인에게 인도할 것을 법원에 신청할 수 있습니다.

2. 괄호안 네모(□)에는 피신청인이 해당하는 부분을 모두 표시(☑)하시기 바랍니다(예를 들어 피신청인이 채무자 겸 소유자인 경우에는 "☑채무자, ☑소유자, □부동산 점유자"로 표시하시기 바랍니다).

3. 당사자(신청인+피신청인) 수×3회분의 송달료를 납부하시고, 송달료 납부서(법원제출용)를 제출하시기 바랍니다.

별지

부동산의 표시

〈예시〉

1. 서울특별시 ○○구 ○○동 100
   대 100㎡
2. 서울특별시 ○○구 ○○동 100
   [도로명주소] 서울특별시 ○○구 ○○길 25
   위 지상
   시멘트블럭조 기와지붕 단층 주택
   50㎡. 끝.

강제집행은 일반 명도와
무엇이 다를까

점유이전금지가처분 신청은 필수

점유이전금지가처분 신청 절차

1. 신청서 작성(등기부등본, 매각허가결정문, 전입세대열람 첨부) → 관할법원에 제출
2. 담보제공명령원 우편물을 받은 후 보증서 발급(서울보증보험사무실) → 보증보험료 납부 → 보증서 받아 법원에
   직접 또는 우편으로 제출
3. 결정문 송달 → 점유이전금지 강제집행 신청(3~7일 소요)

강제집행은 지혜로운 명도를 추구하는 우리에게는 최후의 보루이지만, 혹시 모를 상황을 대비하여 정확하게 배워 두도록 하겠습니다. 인도명령결정이 내려졌음에도 상대방이 인도하지 않을 경우, 신청인은 집행관에게 강제집행을 위임하여 내보낼 수 있습니다.

그런데 이런 경우가 있을 수 있습니다. 강제집행을 실시하는 날, 집을 방문했는데 점유자가 바뀌어 있는 것입니다. 원래 점유자가 아닌 다른 사람이 그곳을 점유하고 있다면 어떻게 될까요? 이렇게 되면 강제집행 대상자가 다르기 때문에 강제집행을 할 수 없습니다. 낙찰자는 바뀐 점유자를 대상으로 다시 강제집행 신청 절차를 밟아야 합니다. 그래서 이런 경우를 방지하고자 강제집행을 하기 전에 '점유이전금지가처분' 신청을 합니다.

점유이전금지가처분은 임차인이 다른 사람에게 점유 이전 행위를 금지하는 임시 처분입니다. 목적물, 해당 부동산의 인적, 물적 현상을 본 집행(강제집행) 때까지 그대로 유지하게 하는 것을 말합니다. 이를 통해 점유자가 함부로 주소이전을 못 하게 하는 것이지요. 법원 경매계의 안내를 받아 점유이전금지가처분 신청서를 작성하거나 법무사를 통해 신청이 가능합니다.

경매계에 점유이전금지가처분 신청을 하면 1주일 내에 결정문이 나옵니다. 그리고 가처분 결정문이 점유자에게 전달됩니다. 이때 집행관과 증인 두 명(남녀 각 한 명씩, 지인들에게 부탁해서 증인으로 데리고 가면 됩니다), 신청자(낙찰자)가 열쇠수리공과 함께 해당 부동산에 방문하게 됩니다. 방문했을 때 점유자가 있다면 가처분결정 공문을 주고 나오면 되고, 사람이 나오지 않는다면 열쇠수리공을 통해 문을 따고(개문) 들어갑니다. 부재 시 집 안의 소지품을 통해 점유자가 맞는지 확인한 후 잘 보이는 곳에 점유이전금지가처분의 결정문을 붙여

두고 나옵니다. 낙찰자는 이때 집 안 상태를 확인할 수 있습니다.

점유자는 퇴근 후 집에 왔더니, 누군가 문을 따고 집에 들어온 흔적을 발견하게 될 것입니다. 이사를 가지 않고, 버티는 것이 의미가 없다는 것을 다시금 깨닫게 되는 순간입니다. 낙찰자는 마지막으로 한 번 더 강제집행 전 이사를 나갈 의향이 있는지 확인하고 협상이 되지 않을 경우 강제집행을 진행합니다.

강제집행은 어떻게 진행될까

강제집행 절차

송달증명원과 인도명령결정문을 가지고 경매계에 가서 강제집행을 신청하면 법원에서 현황조사를 진행합니다(1~2주). 청구된 집행 비용을 예납하면 대상지에 강제집행을 예고하는 계고장이 나갑니다. 강제집행 비용 안에는 개문 비용(문을 열고 들어가는 열쇠수리공 비용)과 이사비, 보관비, 집행노무비가 포함됩니다. 강제집행을 하기 위해서는 낙찰자가 비용을 미리 선납하고, 강제집행 후에 총 비용을 추후 강제집행 대상자인 점유자에게 청구할 수 있습니다만, 상황이 여의치 않아 강제집행까지 오게 된 점유자에게 이 돈을 받아내기란 쉽지 않을 것입니다. 보통 강제집행은 신청한 지 2주 내에 집행기일이 정해집니다. 강제집행 신청과 함께 점유이전금지가처분 신청을 해서 점유자의 이전을 금지해 둔 후 강제집행을 진행한다는 것을 기억하세요.

강제집행에 대한 계고를 미리 했고, 강제집행 당일 사람들이 해당 부동산에 방문해서 짐을 꺼냅니다. 이사와 비슷하지만, 일반 포장이사와는 다릅니다. 많은 사람들이 순식간에 짐을 빼게 됩니다. 보통 20평 아파트에 10명이 넘는 사람들이 와서 1~2시간 만에 짐을 빼고, 창고에 보내고, 다시 빠르게 다음 부동산으로 이동합니다. 이들은 강제집행을 전문으로 하는 사람들이기 때문에 이삿짐센터의 직원들처럼 꼼꼼하게 짐을 포장하기보다는 빠르게 짐을 꺼내서 창고에 보내는 데에 집중하는 편입니다. 점유자의 짐은 창고에 보관되고, 그 짐을 찾기 위해서는 점유자가 비용을 지불해야 합니다. 만약 점유자가 짐을 찾아가지 않을 경우 낙찰자가 유체동산매각 신청을 통해 경매에 붙일 수 있고, 낙찰자가 나오면 그 돈을 회수할 수 있습니다. 만약 경매에 붙였는데, 낙찰자가 없다면 그때에는 유체동산을 폐기할 수 있습니다.

강제집행의 전 과정을 살펴보았습니다. 점유자와 연락이 불가한 상황이거나 명도 협상이 수월하게 진행되지 않아 불가피하게 강제집행을 택해야 하는 경우가 분명히 있습니다. 인도명령제도를 통한 강제집행은 경매를 하는 사람들에게 안전한 방어막이자, 강력한 무기가 될 수 있기에 확실히 과정을 인지하고, 때에 따라서 협상을 위해 활용하는 것도 필요하겠습니다. 다만, 이처럼 절차와 비용, 수고가 꽤 드는 과정인 것을 인지하고 이왕이면 대화를 통해 명도를 해결하기 위해 최선을 다하길 바랍니다.

강제집행 비용표

강제집행 접수비   명도 사건당 약 40,000원

집행관 수수료   집무 2시간 미만: 15,000원

                        집무 2시간 초과: 1시간마다 1,500원 가산

노무자수   5평 미만: 2~4명

                        5평 이상 10평 미만: 5~7명

                        10평 이상 20평 미만: 8~10명

                        20평 이상 30평 미만: 11~13명

                        30평 이상 40평 미만: 14~16명

                        40평 이상 50평 미만: 17~19명

                        50평 이상: 매 10평 증가 시 2명 추가

노무임금   노무자 1인당 70,000원

야간집행   노무자 1인당 비용 + 20% 정도 가산

기타   측량, 목수 등 특수인력, 포크레인 등 장비 동원은 별도 비용으로 계산

지혜로운 명도

대략의 시뮬레이션을 통해 실감 나게 명도과정을 설명드려 보았습니다. 상황에 따라 대응은 달라지겠지만, 중요한 것은 점유자가 정해진 기일 내로 집을 비워 줄 수 있도록 잘 협상하는 일일 것입니다.

명도를 잘한다는 것은 어떤 것일까요? 어떤 블로그 글을 보다가 놀란 적이 있습니다. 명도 단계에서 강제집행을 하는 과정을 담은 글이었는데, 낙찰자와 점유자가 이야기를 나누다가 감정싸움이 되어서 점유자는 버티기로 결정을 하고, 낙찰자는 바로 강제집행을 진행하는 이야기였습니다. 글쓴이는 '강제집행'을 낙찰자의 무기로 우위에 서서 압박했어요. 강제집행을 하면 되니까 협상을 해 보려는 노력도 필요 없다는 모습이었습니다. 결국 기분이 상한 점유자는 버티겠다고 하고, 낙찰자는 그러거나 말거나 협상을 해 보려는 시도 대신 강제집행을 진행하는 상황이었습니다. 현장은 험악한 분위기였고, 서로 못 볼 꼴을 보며 명도가 완료되는 상황을 묘사하며 글쓴이는 매우 자랑스러워했어요.

인도명령제도가 경매에 있어서 낙찰자에게 강력한 무기가 될 수 있는 것은 분명합니다. 하지만 최대한 협상을 통해 명도를 이끌어 내는 것이 좋습니다. 그게 가장 저렴하고, 시간도 단축할 수 있습니다. 강제집행은 모든 것을 다 시도했는데, 안 됐을 경우 마지막으로 선택하는 것입니다. 점유자는 내가 무찔러야 하는 적이 아닌 협조를 구하고 서로 도와야 하는 관계입니다. 점유자 입장에서도 낙찰자는 나를 내쫓는 사람이라고 생각하기보다는 타당한 권리를 갖고 있는 새로운 집주인이기에 그의 권리를 존중하고 협조해야 합니다.

강제집행의 과정은 모두에게 쉽지 않은 과정입니다. 강제집행의 과정과 비용을 알게 된다면 이를 일부러 택하는 임차인은 단연코 없을 것이라 생각합니다. 감정이 상해 쉽게 나가지 않겠다고 다짐을 하는 점유자라고 하더라도 말이죠. 결국 자신에게 손해가 나는 것이 뻔한 선택을 누가 하고 싶어 할까요? 어쩔 수 없는 상황도 있겠으나, 그들 중에는 과정을 정확히 몰랐거나 감정이 상해 오기로 선택하는 경우도 있다고 생각합니다. 명도도 지혜가 필요합니다. 낙찰자의 권리, 임차인의 위치, 향후 경매 과정과 절차를 잘 이해시키고, 최대한 서로의 상황을 배려하면서 협조를 구하는 것이 필요합니다.

명도를 잘 한다는 것은 날짜에 맞춰 상대를 잘 내보내고, 임차인이 감사의 인사를 전하며 이사를 나가는 것입니다. 그래서 저는 이사를 나가는 날 작은 선물을 준비해 갑니다. 보통은 와인을, 아이가 있는 집은 케이크를 준비합니다. 명도확인서, 인감증명서와 함께 작은 선물을 드리면서 새로운 집에서의 행복을 기원해 드립니다. 명도 과정에서 협조해 준 것에 대해 감사를 드리고요. 진심의 인사를 드리면 임차인들도 감사를 전해 주십니다. 자신의 편에 서서 많이 도와줘서 감사하다고 인사해 주고, 덕분에 잘 이사를 간다고 말해 주며 저에게도 행복을 기원해 줍니다. 상대방에게서 감사하다며 선물을 받은 적도 있습니다.

이렇게 서로 축복하며 헤어지는 명도는 어떤가요? 정말 훈훈하고 가슴 따뜻하지 않나요? 경매 고수처럼 어려운 용어를 쓰면서 강제집행을 척척 하는 사람의 명도보다 이런 명도가 더 훌륭한 고수의 명도가 아닐까 생각해요. 물론 정말 협상이 되지 않고, 나름의 배려를 했음에도 약속이 자꾸 미뤄지며 억지를 부리며 말이 통하지 않는 임차인이 있을 수 있습니다. 그래서 강제집행을 해야만 하는 상황도 있겠지요. 이를 위해 강제집행 절차도 이해하고 있어야 합니다.

항상 마지노선을 정해 놓고, 협상이 안 될 시 강제집행을 할 수 있다고 생각은 하되, 그 전까지는 감정은 뒤로 미루고, 최선을 다해 지혜로운 명도를 위해 노력을 다해야 한다는 것을 꼭 강조하고 싶습니다. 결국 명도는 사람 사이의 일입니다. 서로의 입장을 이해하고, 배려한다면 명도 과정이 수월하게 풀릴 것입니다. 삶에서 어떤 것을 주고, 어떤 것을 받고 싶은지를 생각해서 지혜로운 명도를 하길 응원하겠습니다.

부록 1

세상에서
가장 쉬운
부동산 경매
용어 설명

■ 저당권

저당권은 채권자가 채무자에게 빌려준 돈을 우선적으로 받을 수 있게 해 주는 권리입니다. 채권자(돈을 빌려주는 사람)가 채무자(돈을 빌리는 사람)의 채권(부동산)을 담보로 돈을 빌려주고, 이에 대하여 우선하여 변제받을 수 있는 권리입니다. 채무자의 부동산에 저당권이 설정되었다고 표현합니다. 채권자는 채무자가 돈을 갚지 않을 경우 담보부동산을 경매 신청할 수 있는 경매신청권과 낙찰액에서 자신의 몫을 우선적으로 가져갈 수 있는 우선변제권을 갖습니다.

저당권을 설정한 경우 채무자가 등기된 채권액의 일부를 갚게 되면 이전 금액에 대한 권리가 자동 말소되고, 변경된 금액으로 다시 등기를 해야 합니다. 그래서 저당권은 일시 상환의 조건의 경우 주로 쓰입니다.

• **더 알아보기:** 1억 원에 대한 저당권을 설정해 놓고, 1억 원을 갚으면 저당권은 자동 말소됩니다. 다시 4,000만 원을 빌리고 싶으면 4,000만 원에 대해 저당권을 설정해야 합니다. 따라서 일회성 거래에서만 저당권을 설정하는 편이고, 계속적으로 원금을 상환하면서 채권액이 변하는 상황에서는 근저당권을 설정하게 됩니다.

■ 근저당권

일반적으로 은행에서 주택담보대출을 받으면 저당권이 아닌 근저당권을 설정합니다. 근저당권을 설정하면 은행은 채권액의 120~130%를 채권최고액으로 등기합니다. 그 한도 내에서는 채권자가 일부 상환을 할 수도 있고, 다시 빌릴 수도 있습니다.

왜 채권액이 아니라 채권최고액(120~130%)으로 근저당권을 설정할까요? 은행은 채무자가 원금을 갚지 못하여 이자+연체이자가 발생할지도 모르는 상황까지 대비해서 미리 채권액의 120~130%까지의 금액을 우선적으로 변제받을 수 있게 확보해 두는 것입니다. 근저당권이 설정된 후, 대출을 다 갚았다면 이때는 자동 말소가 아니라, 은행에 말소를 신청해야 합니다.

• **더 알아보기:** 만약 집을 담보로 1억 원을 빌리면 은행은 등기부등본에 채권최고액 1억 2,000만 원이라고 표시합니다. 추후 5,000만 원을 중도에 상환하더라도 등기부등본상에는 여전히 채권최고액 1억 2,000만 원이 그대로 표시되어 있습니다. 그런데 다시 돈이 필요해져서 5,000만 원을 빌리고

6주 만에 마스터하는 친절한 부동산 경매 과외

싶다고 합시다. 이 경우 기존 근저당권이 설정되어 있는 은행에서 근저당권 한도 내에서 돈을 다시 빌릴 수도 있습니다. 만약 이 은행에서 한도 내라고 하더라도 이미 상환한 것을 다시 대출해 줄 수 없다고 한다면 이 은행의 채권최고액의 범위를 줄이고, 집(담보물건)의 남은 한도만큼 다른 은행에 가서 대출을 시도할 수 있습니다. 다만 그렇게 하기 위해서는 근저당권 설정액을 이미 상환한 금액만큼 줄여 달라고 해야 합니다. 남은 대출 원금 5,000만 원에 대해서만 원금의 120%인 6,000만 원을 채권최고액으로 하여 근저당권을 다시 설정하고, 다른 은행에서 이 집을 담보로 남은 한도만큼의 금액을 다시 빌리는 것이지요. 실제로는 잘 일어나지 않는 일이지만, 자세한 설명을 위해 예를 들어 보았습니다.

■ 압류와 가압류

압류와 가압류 모두 채무자가 재산을 마음대로 처분할 수 없게끔 하는 조치입니다. 압류는 법률적으로 묶어 두는 것이고, 가압류는 임시적으로 취해 놓는 것입니다. 법률적으로 묶어 두기에는 시간이 소요되기 때문에 그 전에 미리 가압류를 걸어 놓고, 추후 법원의 판결을 받아 압류를 하는 것입니다.

■ 강제경매와 임의경매

경매에는 강제경매와 임의경매가 있습니다. 채권자가 법원의 판결문을 받아 경매를 신청하면 이를 강제경매라고 하고, 임의경매는 채권자가 법원의 판결문 없이 경매를 신청할 수 있습니다. 흔히 은행에서 대출을 받아 집을 샀는데, 돈을 갚지 못해 경매로 넘어가는 경우를 말합니다.

■ 가처분

가처분은 가압류와 비슷한데요. 금전채권이 아닌 청구권에 대한 것이 차이점입니다. 예를 들어 상표권을 사용하지 못하게 한다거나, 가게 간판을 못 쓰게 한다거나, 어떤 상품을 판매하지 못하게 한다거나 하는 등에는 '가처분'이라고 합니다.

■ 가등기

가등기는 '임시' 등기입니다. 본등기를 하면 소유권이 정확하게 이전되는데, 그 전에 소유권을 넘기는 것입니다. 보통 본등기의 효력은 가등기를 한 날짜로 소급해서 발생합니다.

■ 소유권이전청구권가등기

부동산 소유권 이전을 요구할 수 있는 권리를 가진 사람이 장래에 체결할 부동산에 대해 미리 가등기를 하는 것입니다. 이해를 돕고자 예를 들어 볼게요. 어떤 사람이 집을 사려고 등기하려는 찰나에 국회의원 선거에 나가게 되었습니다. 재산 신고를 해야 하는데 재산에는 포함시키기는 껄끄럽고, 매매는 해야 한다면 어떻게 해야 할까요? 이럴 때 소유권이전청구권가등기를 활용할 수 있습니다. 세금 문제로 기한을 조절해야 해서 가등기를 하는 경우도 있을 수 있습니다.

■ 소유권이전담보가등기

소유권이전담보가등기는 '담보'라는 문구에서 알 수 있다시피 돈을 빌려주고 못 받을 경우 부동산을 넘겨주겠다는 담보계약을 맺고 가등기를 해 두는 것입니다. 여기에서 중요한 것은 '말소기준권리'에 이 소유권이전담보가등기가 포함된다는 것입니다.

■ 배당요구

배당요구란 경매에서 부동산이 낙찰되었을 때 매각대금에 대해 자신에게 돈을 배당해 달라 요구하는 것입니다. 경매가 시작되기 전에 채권자가 신청을 하게 됩니다. 배당을 받고자 하는 임차인은 반드시 배당요구종기일 안에 배당요구를 해야 합니다. 배당요구종기일 이후에 신청을 했다면 배당을 받을 수 없습니다.

입찰을 고민하는 입찰자는 매각물건명세서를 볼 때, 배당 신청 여부만 보면 안 되고, 반드시 신청한 날짜가 배당요구종기일 내로 적혀 있는지 확인해야 합니다. 배당요구여부란이 비어 있으면 배당요구를 하지 않은 것입니다. 배당요구를 하지 않은 선순위 임차인의 보증금이나 전세권은 상황에 따라 낙찰자가 인수해야 할 수도 있습니다.

단, 임차인이나 전세권자가 경매를 신청하였다면 이는 배당 신청을 한 것으로 봅니다. 경매를 신청했다는 의미가 어서 내 돈을 돌려 달라는 것이니, 배당요구의 의미와 동일하겠지요? 그렇게 이해하시고 서류를 꼼꼼하게 보면 됩니다.

부록 2

부동산 경매
필수 서류 10

(앞면)

기 일 입 찰 표

지방법원 집행관 귀하   입찰기일 :   년   월   일

사건번호		타경 호		물건번호	※물건번호가 여러개 있는 경우에는 꼭 기재

입찰자	본인	성명		(인)	전화번호	
		주민(사업자)등록번호			법인등록번호	
		주소				
	대리인	성명		(인)	본인과의 관계	
		주민등록번호			전화번호	—
		주소				

입찰가격	천억	백억	십억	억	천만	백만	십만	만	천	백	십	일		원	보증금액	백억	십억	억	천만	백만	십만	만	천	백	십	일		원

보증의 제공방법	□ 현금 □자기앞수표 □ 보증서	보증을 반환 받았습니다. 입찰자 (인)

주의사항.

1. 입찰표는 물건마다 별도의 용지를 사용하십시오, 다만, 일괄입찰시에는 1매의 용지를 사용하십시오.

2. 한 사건에서 입찰물건이 여러개 있고 그 물건들이 개별적으로 입찰에 부쳐진 경우에는 사건번호외에 물건번호를 기재하십시오.

3. 입찰자가 법인인 경우에는 본인의 성명란에 법인의 명칭과 대표자의 지위 및 성명을, 주민등록란에는 입찰자가 개인인 경우에는 주민등록번호를, 법인인 경우에는 사업자등록번호를 기재하고, 대표자의 자격을 증명하는 서면(법인의 등기사항증명서)을 제출하여야 합니다.

4. 주소는 주민등록상의 주소를, 법인은 등기부상의 본점소재지를 기재하시고, 신분확인상 필요하오니 주민등록증을 꼭 지참하십시오.

5. **입찰가격은 수정할 수 없으므로, 수정을 요하는 때에는 새 용지를 사용하십시오.**

6. 대리인이 입찰하는 때에는 입찰자란에 본인과 대리인의 인적사항 및 본인과의 관계 등을 모두 기재하는 외에 본인의 위임장(입찰표 뒷면을 사용)과 인감증명을 제출하십시오.

7. 위임장, 인감증명 및 자격증명서는 이 입찰표에 첨부하십시오.

8. 일단 제출된 입찰표는 취소, 변경이나 교환이 불가능합니다.

9. 공동으로 입찰하는 경우에는 공동입찰신고서를 입찰표와 함께 제출하되, 입찰표의 본인란에는"별첨 공동입찰자목록 기재와 같음"이라고 기재한 다음, 입찰표와 공동입찰신고서 사이에는 공동입찰자 전원이 간인 하십시오.

10.입찰자 본인 또는 대리인 누구나 보증을 반환 받을 수 있습니다.

11.**보증의 제공방법(현금·자기앞수표 또는 보증서)중 하나를 선택하여 ☑표를 기재하십시오.**

(뒷면) # 위 임 장

대리인	성 명		직업	
	주민등록번호	-	전화번호	
	주 소			

위 사람을 대리인으로 정하고 다음 사항을 위임함.

다 음

지방법원   타경   호 부동산

경매사건에 관한 입찰행위 일체

본인 1	성 명	(인감인)	직 업	
	주민등록번호	-	전 화 번 호	
	주 소			
본인 2	성 명	(인감인)	직 업	
	주민등록번호	-	전 화 번 호	
	주 소			
본인 3	성 명	(인감인)	직 업	
	주민등록번호	-	전 화 번 호	
	주 소			

* 본인의 인감 증명서 첨부
* 본인이 법인인 경우에는 주민등록번호란에 사업자등록번호를 기재

지방법원 귀중

매각 대금 납입 신청서

사건번호   타경   호
채 권 자
채 무 자
소 유 자
매 수 인

  위 사건에 관하여 매수인은   년   월   일에 대금지급기일 지정을 받았으나 사정에 의하여 지정일에 납입하지 못하였으므로 다음과 같이 매수잔대금, 지연이자 및 진행된 경매절차의 비용을 합산하여 대금납입을 신청합니다.

매수금액 :
보 증 금 :
잔 대 금 :
지연이자 : (잔대금×경과일수/365×25%)

년   월   일

매수인   (인)

연락처(☎)

지방법원   귀중

매 각 대 금 완 납 증 명 원

사   건   타경   호

수입인지
500원

채 권 자

채 무 자

소 유 자

매 수 인

　위 사건의 별지목록기재 부동산을 금　　　　원에 낙찰받아 ．．．

에 그 대금전액을 납부하였음을 증명하여 주시기 바랍니다.

　　　　　　　　년　　　월　　　일

　　　　　　매수인　　　　　　　　　　(인)

　　　　　　연락처(☎)

　　　　　　지방법원　　　　　귀중

☞유의사항

1) 매각부동산 목록을 첨부합니다.

2) 2부를 작성합니다(원본에 500원 인지를 붙임).

부동산소유권이전등기 촉탁신청서

사 건 번 호   타경   부동산강제(임의)경매

채 권 자

채 무 자(소유자)

매 수 인

 위 사건에 관하여 매수인   는(은) 귀원으로부터 매각허가결정을 받고

      년   월   일 대금전액을 완납하였으므로 별지목록기재 부동산에 대하여

소유권이전 및 말소등기를 촉탁하여 주시기 바랍니다.

첨부서류

1. 부동산목록   4통
1. 부동산등기사항전부증명서   1통
1. 토지대장등본   1통
1. 건축물대장등본   1통
1. 주민등록등본   1통
1. 취득세 영수증(이전)
1. 등록면허세 영수증(말소)
1. 대법원수입증지-이전 15,000원, 말소 1건당 3,000원(토지, 건물 각각임)
1. 말소할 사항(말소할 각 등기를 특정할 수 있도록 접수일자와 접수번호) 4부

년   월   일

      신청인(매수인)   (인)

      연락처(☎)

                                  지방법원   귀중

☞유의사항
1. 법인등기사항증명서, 주민등록등(초)본, 토지대장 및 건물대장등본은 발행일로부터 3월 이내의 것이어야 함
2. 등록세 영수필확인서 및 통지서에 기재된 토지의 시가표준액 및 건물의 과세표준액이 각 500만 원 이상일 때에는 국민주택채권을 매입하고 그 주택채권발행번호를 기재하여야 함

부동산인도명령신청서

사건번호 : 20　　　타경　　　　　부동산강제(임의)경매

신 청 인 : ○○○

　(주소)

피신청인 : ○○○

　(주소)

신 청 취 지

피신청인은 신청인에게 별지 목록 기재 부동산을 인도하라는 재판을 구합니다.

신 청 이 유

위 사건에 관하여 신청인(매수인)은 20　　．　．　．매각대금을 낸 후 피신청인(☐채무자, ☐ 소유자, ☐ 부동산 점유자)에게 별지 기재 부동산의 인도를 청구하였으나 피신청인이 이에 불응하고 있으므로, 민사집행법 제136조 제1항의 규정에 따른 인도명령을 신청합니다.

20　．　．　．

신청인(매수인)　　　　　　　(서명 또는 날인)

(전화번호 :　　　　　　　)

○○지방법원 (○○지원) 귀중

※ 유의사항

1. 매수인은 매각대금을 낸 뒤 6개월 이내에 채무자ㆍ소유자 또는 부동산 점유자에 대하여 부동산을 매수인에게 인도할 것을 법원에 신청할 수 있습니다.

2. 괄호안 네모(☐)에는 피신청인이 해당하는 부분을 모두 표시(☑)하시기 바랍니다(예를 들어 피신청인이 채무자 겸 소유자인 경우에는 "☑채무자, ☑소유자, ☐부동산 점유자"로 표시하시기 바랍니다).

3. 당사자(신청인+피신청인) 수×3회분의 송달료를 납부하시고, 송달료 납부서(법원제출용)를 제출하시기 바랍니다.

별지

부동산의 표시

〈예시〉

1. 서울특별시 ○○구 ○○동 100

   대 100㎡

2. 서울특별시 ○○구 ○○동 100

   [도로명주소] 서울특별시 ○○구 ○○길 25

   위 지상

   시멘트블럭조 기와지붕 단층 주택

   50㎡. 끝.

내용증명

수신 :   귀하(점유자 이름)

주소 :

발신 :   (낙찰자 이름)

주소:

제목: 부동산 인도에 관한 내용증명

〈부동산의 표시〉

주소: 서울시 ○○구 ○○로 ○○동 ○○호 (낙찰받은 물건주소)

경매 사건번호 : 사건번호 2021-××××××

안녕하십니까? 본인은 상기 부동산을 낙찰받은 매수인입니다. 명도를 위한 내용을 서면으로 통보드립니다.

1. 서로 불이익 없는 합리적이고 원만한 명도가 이루어지길 바랍니다. 이전에 말씀 나눈 대로 ×월 ××일 이전까지 집을 비워 주시길 바랍니다.
이사 날짜가 정해질 시 직원 ○○에게 연락을 주시거나 발신 주소지로 서면 통보해 주시면 됩니다.

2. ×월 ××일 이전까지 이사를 나가게 될 경우 발신인은 점유자에게 이사비로 ○○만 원을 지급해 드리고, ×월 ××일 이후에 이사를 나가게 될 경우 이사비는 없습니다.

3. ×월 ××일까지 부동산의 인도가 이루어지지 않을 시 인도명령제도를 통한 강제 집행을 진행할 수 있고, 그에 따른 모든 비용은 귀하께 청구됨을 알려드립니다.
모쪼록 현명한 판단으로 원만한 인도과정이 될 수 있길 기대하겠습니다.

202×년 ×월 ×일

발신인 ○○○

명 도 확 인 서

사건번호 :

이 름:
주 소:

　위 사건에서 위 임차인은 임차보증금에 따른 배당금을 받기 위해 매수인에게 목적부동산을 명도하였음을 확인합니다.

첨부서류 : 매수인 명도확인용 인감증명서 1통

　　　　　년　　　　월　　　　일

　　　　　매 수 인　　　　　　　　(인)

　　　　　연락처(☎)

　　　　　지방법원　　　　　　　귀중

☞유의사항

1) 주소는 경매기록에 기재된 주소와 같아야 하며, 이는 주민등록상 주소이어야 합니다.

2) 임차인이 배당금을 찾기 전에 이사를 하기 어려운 실정이므로, 매수인과 임차인간에 이사 날짜를 미리 정하고 이를 신뢰할 수 있다면 임차인이 이사하기 전에 매수인은 명도확인서를 해줄 수도 있습니다.

[별지 3] [양식 제3-1호]

○○지방법원

강 제 집 행 신 청 서

○○지방법원 ○○지원 집행관사무소 집행관 귀하

채권자	성 명		주민등록번호 (사업자등록번호)		전화번호	
					우편번호	
	주 소					
	대리인	성명 ( )		전화번호		

채무자	성 명	주민등록번호 (사업자등록번호)		전화번호	
				우편번호	
	주 소				

집행목적물 소재지	□ 채무자의 주소지와 같음 □ 채무자의 주소지와 다른 경우 소재지 :
집행권원	
집행의 목적 물 및 집행방 법	□ 동산가압류 □ 동산가처분 □ 부동산점유이전금지가처분 □ 건물명도 □ 철거 □부동산인도 □ 자동차인도 □ 금전압류 □ 기타 ( )
청구금액	원(내역은 뒷면과 같음)

위 집행권원에 기한 집행을 하여 주시기 바랍니다.
※ 첨부서류
1. 집행권원 1통   20 .   .   .
2. 송달증명서 1통   채권자   (인)
3. 위임장   1통   대리인   (인)

※ 특약사항 1. 본인이 수령할 예납금잔액을 본인의 비용부담 하에 오른쪽에 표시한 예금계좌에 입금하여 주실 것을 신청합니다. 채권자 (인)	예금계좌	개설은행	
		예 금 주	
		계좌번호	
2. 집행관이 계산한 수수료 기타 비용의 예납통지 또는 강제집행 속행의사 유무 확인 촉 구를 2회 이상 받고도 채권자가 상당한 기간 내에 그 예납 또는 속행의 의사표시를 하지 아니한 때에는 본건 강제집행 위임을 취하한 것으로 보고 완결처분해도 이의 없음. 채권자 (인)			

* 굵은 선으로 표시된 부분은 반드시 기재하여야 합니다. (금전채권의 경우 청구금액포함)

매각결정취소 신청서

사건번호

매수인

부동산표시

매수인이 매수한 위 부동산에는 아래와 같은 사유가 있으므로 위 사건에 관한 매각
허가결정을 취소하여 주시기 바랍니다.

아   래

200 .   .   .

매수인   인

법원   귀중

에필로그

준비된 이들에게는
반드시 기회가 찾아온다

제가 꿈꾸었던 친절한 경매책이 나오게 되어 하늘을 날 듯 행복합니다!

경매 강의를 진행하며 정말 많은 분들을 만났습니다. 나이도, 성별도, 직업도 제각각이었지만 가족과 함께하는 행복한 삶을 목표로 경매를 시작한 분들이라는 것이 공통점이었습니다. 그분들에게 도움이 되는 가장 친절한 경매책, 경매를 이제 막 시작하는 분들의 곁에서 든든한 지원군이 될 수 있는 아주 실용적인 책을 쓰고 싶다는 생각이 들었습니다. 딱딱한 부동산 용어를 최대한 쉬운 일상 언어로 풀어 드리고자 노력했고, 경매에서 가장 까다로운 부분인 권리분석에 익숙해질 수 있도록 다양한 예시를 더했습니다. 직접 작성한 도표와 풍부한 이미지로 높게만 느껴지는 경매의 진입 장벽을 낮추려고 노력했습니다. 이런 저의 노력들이 독자님들께 가닿을 수 있다면 더할 나위 없이 좋겠습니다. 이 책이 막막할 때마다 찾을 수 있는 친절한 멘토와 같은 책이 되었으면 합니다.

　책을 만드는 과정은 힘들었지만 참 행복했습니다. 독자를 위한 것이라면 무엇이든 다 허락해 주셔서 모든 것을 시도해 볼 수 있는 환경을 만들어 주신 이주화 대표님, 유연한 소통 능력은 물론이고 작은 아이디어도 그 이상으로 만드는 센스를 갖춘, 신뢰의 아이콘 최혜진 편집팀장님과 항상 진지한 자세와 노력으로 작업하는 내내 저를 감탄하게 만드셨던 김찬양 편집자님께 존경과 감사의 말씀을 전합니다. 멋진 디자인으로 책을 빛내 주신 유어텍스트와 많은 출판사 관계자분들도 감사드립니다. 클랩북스와 함께 작업하게 되어 너무 행복했고 참 행운이었습니다.

　끝으로 저의 소중한 가족에게 정말 고맙습니다. 책 한 권 낼 때마다 온 가족이 같이 고생을 합니다. 항상 저의 곁에서 바위처럼 든든하게 있어 주는 남편, 엄마가 만화로 된 책을 내는 게 소원인 반짝반짝 수정이(언젠가 이 꿈도 이룰 날이 올거야), 엄마와 놀고 싶은 맘을 꾹 참으면서도 애교로 힘을 보태주는 해피 강이, 그리고 늘 저를 배려해 주시며 지원해 주시는 양가 부모님들께 사랑하고 감사하다는 말씀을 전합니다.

　저는 이 책을 읽고 행동한 여러분에게 낙찰의 기쁨이 찾아올 것을 믿어 의심치 않습니다. 경매로 행복한 삶을 만들어 나가는 여러분을 응원합니다! 언제나 여러분 곁의 경매 멘토로 함께하겠습니다.